新特別活動

文化と自治の力を育てるために

白井　慎
西村　誠編著
川口　幸宏

学文社

は　じ　め　に

　本書は，編者らが1991（平成3）年に世に問うた『特別活動』（学文社）をベースにしながらも，その後，この分野の教育活動をめぐる状況に表れた大きな変化を受けとめ，内容構成，執筆者を新たにして企画・立案されたものである。その意味を込めて書名を『新特別活動』とした。

　我が国の戦後教育史の中で，1970年代後半から1980年代にかけては，とくに子ども・青年の「荒れ」に伴う「学校荒廃」が顕著に表れていた。それに対応する教育活動領域として「特別活動」が，ある意味で脚光を浴び，実践が試行されていた。折から教育職員免許法の改定等により，教職をめざす学生の実践的指導力を高める教職課程の必置科目の一つとして「特別活動に関する科目」がおかれることとなった。前書『特別活動』は，こうした時代的実践的要請を背景として編まれ，幸いにも，多くの大学等において当該科目のテキストとして，また教育現場における実践のための参考資料として，採用・活用され，版を重ねることができた。

　しかしながら，「21世紀の声」を聞き始めるようになった頃から，我が国の学校をめぐる状況に，また新たな大きな変化が現れてきた。学校教育の機能の相対的な縮小や生涯学習体系への移行等が変化の大きな特徴である。その具体的な表れである「学校5日制」の完全実施（2002年より）とそれに対応する教育課程編成基準の変更などが，「特別活動」領域にも大きな変更を求めることになった。たとえば，現行『学習指導要領』（小学校・中学校は1998年改定，高等学校は1999年改定）によって，授業時数内の「特別活動」は「学級活動」に限定され，改訂前には授業時数内で実施されていたクラブ活動も規定外の位置づけとなり，生徒会活動や学校行事等についても，その性格の限定や内容の

「精選」が求められている。そのことにより，従来，「特別活動」がその基本としてきた，児童・生徒による自主的集団活動としての性格に大きな変更がもたらされているとの印象を受けるのである。

　このような中で，「特別活動」についての理論的実践的な諸課題を世に問うてきた編者らの姿勢にも，現時点でのこの分野をめぐる状況の変化を踏まえ，かつ基本原理のあり方について，新たな視角からの検討が必要となった。編者らは『新特別活動』を企画するにあたり，「特別活動」分野での教育活動が目指してきたものの原点に立ち返り，その本質を再確認し，新たな地平に立って，まさに今日の学校教育改革の「コア（中核）」とさえ言ってよい「特別活動」の意義と新たな可能性を明らかにしようとした。その原点とは，民主主義社会に生きる子ども・青年の人格形成に必須な，民主的・市民的資質の形成であり，その「コア」とは，豊かな文化的諸能力の発達である。

　本書のために書き下ろされた諸論が，教職を目指す学生諸君や教育現場で日々創造的に奮闘している教師諸氏によって読まれ，この分野についての実践的研究や方策追究の一助となるならば，編者としてこの上ない喜びである。

　2005 年 3 月

編　　者
西村　誠

目　次

はじめに────────────────────────［西村　　誠］……i

全体序章　文化性と自治性に裏づけられる特別活動────［川口　幸宏］……2

　1　教科外教育としての特別活動　2　文化性，自治性に裏づけられた特別活動

第 1 部　文化活動・自治活動としての特別活動

　1　学校教育と特別活動（教科外教育活動）
　　　──その原義に立ち返って─────────────［西村　　誠］……10

　　1　学校教育の発展と教科外教育活動
　　2　わが国における教科外教育活動の展開

　2　自分たちで創り上げる文化─────────────［山岡　雅博］……38

　　1　「特別活動」で何をさせるか　2　「『子ども発』の活動」
　　3　「演技の質を高める『だめだし』」　4　「自分たちでやっていく」

　3　参画型社会と特別活動───────────────［宮下　　聡］……52

　　1　子どもの権利の視点でとらえる特別活動　2　子どもが学校に参画する特別
　　活動　3　子どもの権利としての特別活動

　4　地域に拓く特別活動────────────────［鎌倉　　博］……80

　　1　街の現状と学校の教育　2　川で遊び見つけ感じる中で学ぶ子どもたち
　　3　地域と学校との意味ある関係を築く

　5　子どもたちの地域生活と教育────────────［神代　洋一］……95

　　1　子どもたちの地域生活の変化　2　学校教育と地域教育の接点
　　3　「生きる力」を育てる地域の異年齢集団づくりの活動から学ぶ
　　4　子どもたちに育つ「生きる力」と子どもたちの「生き方」

  6　体育・スポーツと特別活動————————［笹本　重子］……120
    1　体育と特別活動　2　運動会を創る　3　体育大会実施計画案
    4　盛り上げる演出　5　担任としての取り組み

第2部　教育と発達を結ぶ自律と自治

  1　個別化・統制化の学校か，自律・自治の学校か
    —21世紀における学校論のために——————［川口　幸宏］……142
    1　1980年代後半以降の「教育改革」の根本思想　2　個別化と帰属化の統合としての「教育改革」　3　「近代教育」の事跡は何か　4　「近代学校」の性格と役割

  2　共同体としての学級————————————［藤原　共子］……161
    1　つぶやきから問いが始まる　2　働く母親として私自身の思いを綴る
    3　他のお母さんの思いは？　4　子どもから親へ　5　親から子どもへ

  3　自分をつかむ学び—性と死をみすえて————————［金森　俊朗］……171
    1　ムカツク子どもたち　2　揺れている内面　3　私たちは，偉大なる奇跡的な存在　4　心のリレーを展開　5　心を拓いて自分を語る　6　自分が憎い

  特　論　「フレネ教育」における「学校共同体」
    —「学校協同組合」を手がかりとして————————［坂本　明美］……184
    1　ヴァンスのフレネ学校における「学校共同体」の実践
    2　セレスタン・フレネにおける「学校共同体」の変遷過程

おわりに————————————————————————［川口　幸宏］……203
資　料————————————————————————————————207

全 体 序 章

文化性と自治性に裏づけられる特別活動

川口　幸宏

1　教科外教育としての特別活動－学習指導要領における位置づけ－

　我が国における文部行政では，学校における教育課程編成を領域で区分している。しかし，「各教科，道徳及び特別活動で身に付けた知識や技能等を相互に関連付け，学習や生活において生かし，それらが総合的に働くようにする」総合的学習の導入・実施は「領域主義」という厳格なカリキュラム構造に風穴を開ける状況を生み出している。カリキュラムを教科書使用・非使用という視点で分けてみると，各教科が教科書使用領域，それ以外を教科書非使用領域と区分することができる。つまり，カリキュラムは教科教育と教科外教育とに領域を二分して考えることができるわけである。ただし，総合的学習は教科書非使用領域であるが，その教育目的・内容・方法上，教科教育的特性と教科外教育的特性とを併せ持っている。

　学習指導要領で定めるところの「領域」は，すべて「授業」として取り扱われ，年間授業時数が定められている。教職課程の学習・研究の入門期にある読者のために敢えて記しておくが，教育行政上で言うところの「授業」とは，教科教育のみに当てはめられる概念ではなく，学校教育のすべての領域にわたり一定の時数が割り当てられる概念である。この点で明確にしておかなければならないのは，特別活動が「授業」である限り，教育・指導の計画性が図られなければならないということである。その計画性には，教育・指導の目標・内容，

子ども・青年（児童・生徒）の興味・関心や発達，及び環境の整備などが総合的に組織されていることは必須のことである。

特別活動の内容は，学習指導要領（中学校）に，次のように示されている。

A　学級活動
  (1) 学級や学校の生活の充実と向上に関すること。
  (2) 個人及び社会の一員としての在り方，健康や安全に関すること。
  (3) 学業生活の充実，将来の生き方と進路の適切な選択に関すること。
B　生徒会活動
C　学校行事
  (1) 儀式的行事
  (2) 学芸的行事
  (3) 健康安全・体育的行事
  (4) 旅行・集団宿泊的行事
  (5) 勤労生産・奉仕的行事

このうち学級活動に年間授業時数35週を充てることとされ，その他の活動は「それらの内容に応じ，年間，学期ごと，月ごとなどに適切な授業時数を充てるものとする」とされている。これらの内容と授業時数でもって「望ましい集団活動を通して，心身の調和のとれた発達と個性の伸長を図り，集団や社会の一員としてよりよい生活を築こうとする自主的，実践的な態度を育てるとともに，人間としての生き方についての自覚を深め，自己を生かす能力を養う。」ことを目標とするものである。

ところで，平成元年版学習指導要領では特別活動内容として位置づけられ授業時間数も定められていたクラブ活動（「文化的，体育的，生産的又は奉仕的な活動」を内容としたいわゆる必須クラブ）が，現行学習指導要領（平成10年版学習指導要領，平成15年一部改正）ではなくなっている。しかしながら，学習指導要領外の部活動は，現実には引き続いて行われており，平成元年版学

習指導要領で「クラブ」について「原則として学年や学級の所属を離れ，共通の興味や関心をもつ生徒をもって組織する」とされているが，その活動が子ども・青年の人格形成に必要がなくなったとは考えにくく，必須クラブがそれに吸収されたと考えることが可能である。とはいえ，教育課程から離れるということは，教師による教育・指導の対象，すなわち「授業」から離れることを意味する。もちろん「クラブ」が学校運営・管理下にある限り教育・指導の対象であることは否めないが，少なくとも，「授業」という教育活動ではなくなり，「クラブ」の持つ文化・技能と子ども・青年の興味・関心とが直結された営みとなる。このことは，たとえて言えば，町のスポーツ教室や稽古塾，あるいはそれぞれの専門的な団体における諸活動と同様であり，学校教育の専門職である教師（あるいはその集団）による直接の指導に依拠する必然性はなくなる。事実，「クラブ」が，教育職の資格を有しない専門家による「監督」「コーチ」「指導者」に実質上委ねられるという傾向が強まっている。教職課程を履修する学生の少なくない層に，教師を目指すようになったのは「部活の先生」との出会い・触れあいによってであり，自身もかの「部活の先生」のように「部活」を教えたい，という希望を持つ者がいるが，現行の文部行政から見れば，「部活の先生」は必ずしも教職にある者でなくていいわけである。

　子ども・青年の「興味・関心」に強く依拠していたクラブ・部活動が教育課程上から消えたけれど，同じく「興味・関心」に強く依拠する総合的学習が新たに導入されている。このことは，総合的学習を「クラブ」的に運用する実践的方策も考えられなくはない。ここではそのことを示唆するだけに止めおくことにしたい。

2 文化性，自治性に裏づけられた特別活動

　学習指導要領に示された特別活動は，前提としての「望ましい集団」がある。それは，なかんずく，「場」と「形」を受け皿とした活動の在り方である。学級活動においても「学校や学級への適応」が主目標に設定され，生徒会活動においても「学校の全生徒をもって組織する」ものであるが，「連絡調整」「学校行事への協力」という活動具体の設定がある一方で「学校生活の充実や改善向上を図る」という抽象的表現でもって主目標が設定されている。学校行事に関しては「全校又は学年を単位」とし，「学校生活に秩序と変化を与え，集団への所属感を深め，学校生活の充実と発展に資する体験的な活動」を行うとしている。こうした枠組みの中で，「生徒の自発的，自治的」活動が推奨されている（学級活動，生徒会活動）。学校行事では上にあるように「集団への所属感」を深めることが求められている。

　「場」と「形」を受け皿とした，と先に述べたが，「場」と「形」に出会うことをきっかけとして，という意味ではないことは明かである。「場」と「形」はすでに「望ましい集団」の質を持っており，それに「自発的，自治的」に適応し，「所属感」を深めていくこと，それが社会適応能力として必要である，という論理構造となっている。しかしながら，学習指導要領の総則において，特別活動が道徳教育にも寄与しなければならない旨を説く論段落において，「教育基本法及び学校教育法に定められた教育の根本精神に基づき，人間尊重の精神と生命に対する畏敬の念を家庭，学校，その他社会における具体的な生活の中に生かし，豊かな心をもち，個性豊かな文化の創造と民主的な社会及び国家の発展に努め，進んで平和的な国際社会に貢献し未来を拓く主体性のある日本人を育成するため」と示されているところと矛盾するものであってはならない。このことをおろそかにすると，特別活動が，次の寓話と何ら変わらないと，厳しく批判されることになる。

　「彼をある人々はポリュベーモンと呼んでいる。これは道の傍らに家を持っ

ていて，一つは小さな，一つは大きな二つのベッドをしつらえ，通行人を客に招じ，小さい者は大きいベッドに寝かせてベッドと同じ大きさになるように槌で打ち延ばし，大きい者は小さい方に寝かせてベッドの外にはみ出ている身体の部分を鋸（のこぎり）で引き切ったのである。」[1]

　教師が生徒の個性を生かすことのできる「望ましい集団」として学級・学年・全校を組織する必要があることは言うまでもないが，生徒たちは，家庭や地域など多様な社会状況・文化状況をバックグランドを背負って育ち，それを学校に持ち込んでくることも否めない事実である。そのことから，当初の「望ましい集団」も次のような「荒れた集団」に変質する可能性は確実にある。「授業中の私語，勝手な立ち歩き，ものを投げるなどの授業妨害，暴力などがあります。云々。」（ある中学校の生徒自身の手になる『学年委員会便り』より）。間違いなくこの生徒集団には，個々の生徒に「所属感」は少なく，文化的・民主的な社会集団としての「自発的，自治的」な規律とそれを守る実践能力は育っていない。このような場合，教師の指導性はどのような内容で，どのような方法で発揮されるべきであろうか。また，生徒集団としては何をすべきであろうか。「ポリュベーモンのベッド」を用意すべきであろうか。集団崩壊に近い現象を見せていた先の学級・学年では暴力を介在したいじめ（暴力いじめ）が横行している。個々の生徒は自身が被害に遭うのを怖れて，ただ「時が過ぎるのを待つ」だけであった（暴力いじめの被害者であった中学生の言葉）。あるいは，これは教員養成に携わっている筆者が日常的に痛感させられていることであるが，一人ひとりは個性的でありたい，one of them ではなくて only one であることをつねに願っているという学生たちが，「授業」という多様な「個性」の集う集団，すなわち作業課題・目的を共有してはいるけれども互いに「匿名」的な存在である集団のなかでは，暴力とは対極ではあるが，それぞれが「時が過ぎるのを待つ」状態で押し黙っていることがほとんどである。「目立ちたくな

---

[1] 高津春繁訳『アポロドーロス　ギリシャ神話』岩波書店，2003年11月（初版は1953年4月），173頁。ルビは原文のまま。

い」「人と違ったことをして浮きたくない」からだという。これはけっして「望ましい集団」であるはずはないし「自発的，自治的」であるわけでもない。共有する作業課題・目的があって集団が「荒れて」いなければ，それでいい，ということでないことは自明であろう。

　集団は，ただ人の群れであるのではなく，そこに集団の質を特徴づける「文化」を持つ。特別活動が授業の領域の一つに位置づけられているのも，集団の成員である個々の生徒と集団とを結びつける特定の「文化」があるからである。学習指導要領で示されている「行事」は「文化」の活動形式とみなすことができる。諸個人と集団とを繋ぐ文化の質は，諸個人の興味・関心と集団の自治性に依拠するところが大きい。このことを先に挙げた「荒れた」集団の中で「時が過ぎるのを待つ」状態であったある中学校でのその後のことを例示すれば，一人ひとりの持つ文化的能力と学校・学年行事とを結びつけた「合唱コンクール」や「バスケットボール大会」などが組織され，その運営主体は生徒たちの「学年委員会」が担った。「一人ひとりの得意技で出番を作る」というこの行事の組織化は，合唱やバスケットボールという文化・スポーツ活動に内在する文化性・自治性が確かめられ，実践され，そして発展させられていった。このプロセスの中で，授業での「荒れ」が消滅していき，また「暴力いじめ」も消失している。学年の教師集団，学年の生徒代表で組織される学年委員会，そしてそれぞれの学級における学級会などの討議とも密接に関連している。「ポリュベーモンのベッド」はけっして用意されなかった。

　なお，本書では，＜第2部＞においてこの問題，すなわち，諸個人の興味・関心と集団の自治性との教育的組織の原則について紙幅を割いていることを付言しておく。

第1部
文化活動・自治活動としての特別活動

1 学校教育と特別活動(教科外教育活動)
—その原義に立ち返って—

西村　誠

　諸君が，小・中・高等学校などでの学校生活をふりかえってみるとき，そこでのさまざまな場面が思い出されるだろう。

　まず思い出されるのは，「国語」とか「社会」といった，「教科」ごとになされた「授業」をうけている場面だろう。学校は何よりも学習の場であるから，それは当然のことである。諸君は，この「教科」での「学習」を通して，「読むこと」「書くこと」などをはじめとする多くの「文化的能力」を身につけてきた。しかし，毎日の授業は，あまりにも日常的なことであり，そこでの学習は，どちらかといえば「受け身」の姿勢でなされたため，いまでは，そのひとつひとつの場面の印象は，かえって薄れているかもしれない。

　それに対して，学校生活のなかには，「授業」とはちがった意味で，さまざまな印象を残した「活動」の場面があったことが思い出されるだろう。

　入学式や卒業式のような，おおげさにいえば，人生のひとつの節目ともなった場面，運動会や文化祭などの学校行事，遠足や修学旅行のような野外活動，さらには生徒会活動やクラブ活動・部活動などで友人たちと汗を流したことなど。それらは，いわば，学校生活のなかでの印象深い「出来事」であり，その多くは「集団活動」であって，それに「参加」した自分の存在感もつよく，その意味で，そのひとこまひとこまに，強い印象がのこされているかもしれない。

　しかし，また，ほんらい学習の場である学校に，なぜそのような行事や活動が数多く存在するのか，いささか疑問に感じてきた人もいるかもしれない。

学校では，このように，「教科」での授業のほかに，さまざまな教育活動が行われている。それらは一般には「教科外活動」と呼ばれるが，現在わが国の学校教育において，法規的には「特別活動」という呼称がもちいられている。

　ここでは，この〈教科外の教育活動〉とされるものは，どのようにして学校教育のなかに導入され，またどのような位置と役割をあたえられてきたかについてついて，概観してみよう。

1　学校教育の発展と教科外教育活動

〈学習の学校〉から〈生活の学校〉へ

学校と子どもの日常生活

　昔（まあ，いまから数十年から100年ほど前の，日本および海外での），子ども（児童・生徒ら）の学校生活は，いまよりずっと単純であった。

　子どもたちは，朝（または午後，時には夕方から）学校へ登校すると，それぞれの年齢や学習の進度に応じたクラス（学級）の教室に入り，そこで「読み」「書き」「算」などの課業（lesson）を学ぶ。課業の時間はそんなに長くはなく，朝からの学校では昼食後午後におよぶこともあったが，それもいくらかの補習の授業や清掃などであり，それがすむと放課（下校）となった。子どもたちが帰ったあと，学校は門を閉ざし，校舎内や校庭は森閑としていた。（もちろん午前と午後または夜間などの二部制の学校などではそうではないが）

　子どもたちは学校が退けて，帰宅すると，（もちろんその場合，何キロもの通学路に時間のかかる場合もあったが）そこには，地域や家庭での日常の生活が待っていた。

　子どもたちは，天気が良ければ早速外へ出て，近所の子どもたち（その場合には年齢や学習の段階によって区切られた学校のともだちだけでなく，年齢の違った＝異年齢の遊びなかまたちと野外で遊んだ。また，子どもたちは，放課後の時間を「あそび」だけでなく，家のしごとの手伝いや農作業，地域での役

割分担（夜まわりなど）の「しごと」をこなすこともあった。時にはその両者をかねて行うことも。

　　　筆者は，先年東南アジアを旅行しているとき，たそがれ時の集落の空地で，幼い子ども（弟妹）を背に負いながら石けりなどをしている子どもの姿をみて，かつての日本にもそんな風景のあったことを思いだした。もちろんそこには子どもが水牛の背などに乗って耕作を手伝っている姿もあった。

　そのような，子どもの日常の生活と，学校生活は無縁のものであった。
　子どもは学校へ行くとき，家にいるときとはちがった服装（制服など）をし，身なりを整えて行く。そしてそこでは，その生活のリズム（時間割）に従って，一日の課業（学習）を継続する。しかし，その基本はあくまで「学習」であって，「あそび」や「しごと」ではない。子どもたちは，もちろん，この学校での学習（多くは「教科」または「学科」による授業のかたちで行われる）によって多くのことを学ぶ，そして人間としての文化的能力である学力を身につける。しかし，一方，学校外での日常生活のなかでの「あそび」や「しごと」を通しても，かれらの成長の糧となる多くのことを自主的に身につけていた。そこには「ひと」（なかま）や「もの」（自然や道具など）との直接的な触れ合いがある。子どもたちは，それを通して，人々と交わること，物や対象に働きかけることなど，人として生きてゆく（自立の）ための大切なことをまなんだ。
　学校の生活化（子どもの生活の場としての学校）
　しかし，繰返しになるが，学校での学習と，この日常生活のなかでの「まなび」は別個のこととされていた。学校に遊び道具（コマやメンコ）をもってゆくことは許されなかった。学校では近所の異年齢のなかまとは分れて，それぞれ，所定のクラス（教室）の所定の場に身を置かなければならなかった。その違和感に堪えかねて，学校に背をむける子どももいた。

しかし，やがて，この「学習」を主体とする学校生活と，子どもの日常の「生活」との間のギャップを取り除こうとする試みがあらわれた。
　ひとつは，子どもの学校生活のなかに，できるだけ「現実的」で「生活的」な要素をとり入れようとする試みである。
　たとえば，朝学校へ来た子どもたちが，いきなり教室へはいって授業をうけるのではなく，いったん校庭などに集まって，先生たちもいっしょに「朝の会」をする。その前後に，子どもたちは，教室の周辺の簡単な清掃や，飼っている動物の世話などの「しごと」をすることもある。そのあと教室に入ると，こんどは担任の先生を囲み，その日の課業などについての打ち合わせをしたり，学校内外での生活の様子などを報告しあったりする。それから授業＝学習に入るのである。
　その授業でとりあげられる題材（教材）にも，なるべく「生活的な」要素を加味した内容が選ばれる。時には教室外，学校外へ出て，見学や観察，野外学習なども行われる。「遠足」などもその延長である。
　授業と授業の間の「休み時間」も，単なる休憩でなしに，限られた短い時間ではあるが，子どもたちはなかまとともに「遊ぶ」ことも許された。授業の終わりのベル（または鐘）が鳴ると，一斉に校庭に飛び出して喚声をあげる子どもたちの姿があった。子どもたちはその時間に，ウマ跳びや縄跳びなど，前の休み時間からの続きを楽しむのである。子どもたちはそういう時間を「休み時間」と呼ばず「遊び時間」と呼んだ。昼休みはもっと解放された時間になった。お弁当（当時は給食ではないが）も陰でこそこそ隠れるようにして食べるのでなく，教室で，先生を囲んで賑かに談笑しながら（必ずしもそうばかりではないが）食べる。あとはまた校庭に飛び出してゆく。
　放課後も，そんなに急いでは帰らず，学校で飼育し，栽培している動植物などの世話をしたり，校庭に残って球技などを楽しむこともあった。学校もすぐには門を閉ざさず，子どもたちは，いったん下校しても，また近所の子どもたちなどと連れ立って学校にもどり，校庭にある遊具などを使って遊ぶ風景もみ

られた。

　また，学校で「行事」などもしばしば，行われるようになった。入学式や卒業式などのような学校生活に区切りをつける儀式や，公的な祝祭日などに，学校でも行われる祝賀の行事などのほかに，学校での平素の学習や身体の鍛錬の成果を公表する，学芸会（発表会）や運動会なども古くから行われていた。そのほかに，雛祭りや七夕祭のように，民間の生活行事をとり入れた行事もみられるようになった。また，遠足や小旅行，修学旅行のように子どもたちが校外へ出て見聞を広めるとともに，集団的な行動を体験するような行事もあった。

　このようなことを通して，学校はしだいに単なる「学習」の場から，子どもたちの「生活」の場へと変化していった。このような変化の背景には，子どもの日常生活の構造の変化があった。農村部などではそれはそう急に変わらなかったが，都市部や，その後急速に都市化してゆくことになる新興の地域などでは，地域や家庭生活の様相が変り，子どもたちは家の手伝いをすることも少なくなったかわりに，地域や家庭のなかで「役割り」を果たすことも少なくなった。さらには，しばしば「外来者」（ほかの地域から転入してきた）である家族中心の家庭の孤立化によって，近隣に遊ぶ友だちもなく，また遊ぶ場所さえもないという状況があらわれた。総じて子どもたちは，地域や家庭に，かれらの生活意欲を満足させる活動の場がないという実態を生じた。

生活学校運動

　これにかわって子どもたちの「居場所」となったものが，学校であった。放課後も学校にいつまでも居残っている子どもも多かった。学校は，一定の時間が来ると，門を閉めてこの子どもらを排除するが，なかには，そのあと，さらに宿直の先生のところへ遊びに来る子どももいた。このような状況に応えて，学校は，従来からのもっぱら「学習」の場としての学校から，「生活」の場としての学校へと変化していったのであろう。この前者のような学校を「学習学校」と呼び，後者のようなものを「生活学校」と呼ぶ。もちろん生活学校とは，そんな表層的なものではなく，以下にのべるように，学校そのものやそこでの

学習のあり方を「生活の原理」によってすっかり変えてしまうようなものを意味した。

　前世紀（20 世紀）のはじめ頃には，欧米の先進国をはじめとして，学校は「学習学校」であるよりも，むしろ子どもたち自身の「生活」を中心におく「生活学校」であるべきだという主張が，新しい教育運動（新教育運動）としてなされ，実践された。

　その代表的なもののひとつが，19 世紀末（1890 年代）アメリカの教育哲学者デューイ（Dewey, J., 1859〜1952）が所属する大学（シカゴ大学）で，教育学や心理学の実験施設として設けた，附属実験学校（ラボラトリ・スクール）であった。ここでは，教科ごとの「授業」によって時間割を編成するのではなく，子どもたちの生活的な活動（作業＝オキュペーションなどと呼ばれる）を単位として教育内容を組織する方式がとられた。子どもたちは現実の生活のなかからとりだされたひとまとまりの目的的な活動（「単元」または「プロゼクト」などと呼ばれる，何かものを作るとか構成するといった活動）にとりくむなかで生起する問題を解決する課程で，知識や技能をも身につける。つまりそこには「学習」も含まれるのである。それについてデューイはつぎのようにいっている。

　「学習？　たしかにそれは大切です。しかし，生活することが第一です。学習は生活することを通して，また生活することとの関連においておこなわれるのです[1]。」

　このようにデューイらは，学校の教育内容を生活活動一元で組織しようとした。実際にこの新教育運動の立場に立つ，とくにその教育内容についての公的規制にとらわれない私立学校などには，このような方式でカリキュラムを組織

---

1) デューイ, J.『学校と社会』（宮原誠一訳），1899 年，岩波文庫 1957 年〜，第二章「学校と子どもの生活」。（これは，デューイが当時の学校関係者に対して行った講演であるので談話体とした。）

した学校も多かった[2]。

しかし、そもそも学校は、読み、書きなど人間の基本的な文化的能力を系統的に身につけさせるために存在する機関である。それを簡単に解体してしまうわけにはいかない。

その結果、学校は読み、書きなど、文化の基礎・基本を系統的・体系的に「学習」するコースを損なうことなく、他方で、子どもたちの「生活」そのものに立脚し、子どもたちの生活の糧となるような「活動」の場を設ける必要が生じて来た。

そこに登場して来たものが、これから述べる「課外活動」→「教科外教育活動」であった。

課外活動 → 教科外教育活動とその教育的組織化

課外活動の発達

欧米の学校（ここではとくに戦後のわが国の教育制度の改革に影響を与えたアメリカの中等学校の場合などを念頭におく）では、早い時期（さしあたり19世紀後半以降）から、「課外活動（extra-curricular activities）」といわれるものが発達して来た。

運動会やスポーツクラブなどの身体的な活動、討論会、演説会などの集会活動、コーラスや劇の上演のような文化的な活動、さらには慈善活動や博愛活動などの奉仕的な活動等である。

これらは、学校があらかじめ計画的に設定したというより、むしろ生徒・学生たち自身による自発的な活動として発生したものであったとされる。学生たちは、学校での学習活動のほかに、そこでは必ずしも十分に充たされない、より斬新な文化への接近を、このような課外での活動のなかで充足しようとするようなところがあった。そして、これらの青少年による文化的活動は、それ自

---

[2] 特論（本書 pp. 183〜201）でとりあげられている、フレネ（Freinet, C.）の「学校協同組合」（フレネ学校）もそのひとつである。

体新しい文化創造のエネルギーを秘めたものであった。それからもうひとつ、これらの活動は、青少年が自らの手で自発的に追及したものであり、かれらが同好のなかまとともに協同して活動にあたり、その活動組織を自主的に運営（自治）するに至ったことも大変重要なことであった。

このような青少年の課外での活動について、学校はどんな態度をとったであろうか。

ある人の研究によれば、一般に学校は、このような活動に対して当初は①「無関心」の態度をとったという。つまり、学校の本来の任務である通常の学習に対して、学生たちが課外で行っているそのような活動は、いわば勝手なことであって、学校がそれに関与することではないということであったのであろう。しかし学生たちが、これらの活動に熱中しすぎて、本来の学業をおろそかにするような場合や、その活動の内容が、学校の側からみて好ましくないとみられた場合（政治的な行動や不健全な性質の活動など）については学校はこれを②「禁止」したり「抑圧・弾圧」したりした。その後、これらの活動が学生たちの学校生活を豊かにしたり、かれらの心身の発達にとって好ましい影響をもつことがわかると、一転して今度はこれを③「奨励」する態度に出た。そしてさらに、学校がむしろ積極的にこれらの活動を④「組織」したり、その内容を「統制」したりする傾向があらわれた。そして最後には、このような活動を学校の⑤「教育計画」（カリキュラム）のなかに積極的に位置づけ、これと「一体化」するという段階に向かったという[3]。

このように学校の教育計画（カリキュラム＝教育課程）の外にあるものが、次第にその教育的価値を認められて、正規の教育課程のなかに位置づけられてゆく現象を一般に教育課程化（curricularization）と呼ぶ。こうしてもともとは学生たちの自由な活動であった課外活動（extra-curricular activities）は、正規の教育課程の一部として承認されることになったが、その場合、それらは、

---

3) Hamrin, S. A. and Erickson C. E., *Guidance in the Secondary School*, 1939（宮坂哲文『新訂特別教育活動』1959、『宮坂哲文著作集Ⅲ』、明治図書出版、1968年、所収から）

教育課程の内部に以前からその主要な座を占めていた「教科」の課程とは一応区別して教科外課程または教科外（教育）活動などと呼ばれた。

※　この名称は，「学生活動（students activity）」，「協同課程活動（co-curricular activities）」，「特別活動（special activities）」などさまざまである。わが国では戦後これを「特別教育活動」→「特別活動」などと呼んでいる。（後述）

このように課外活動の教育課程化が急速に進んだのは，アメリカなどにおいては，前世紀（20世紀）のはじめ，1920年代以降のこととされる。その背景としては第1次世界大戦後のこの時期までに，中等教育の大衆化が進み，従来の学問中心の教養型カリキュラムから，一般市民としての実際的能力の形成をめざす新しい教育内容への転換や，学生たちの社会的活動意欲の増進などが挙げられるであろう。

民主主義と学校訓練

ところで，この課外活動の教育課程化にあたって，最も多く認められた教育的価値は，「市民的社会的道徳的価値」であったといわれる。

たとえば，ある研究者（当時アメリカ）の調査によれば，当時アメリカで公表された課外活動に関する多くの論策のなかで，多くの論者が，この活動の教育的価値として挙げているものの筆頭は「市民的社会的道徳的価値に関する訓練的価値」であったという。そのなかには，「一般的な生活態度の社会化」「社会的協力への訓練」「集団生活についての実際的経験」「道徳的生活への訓練」そしてとくに「民主主義社会における市民的資質への訓練」等が挙げられる[4]。

そしてこれと並立するもうひとつの価値群は「青年期の性格の認知の価値」であった。これは中等学校という，前期及び後期の青年期に達しようとする段

4）クース，L. V.「課外諸活動に関する一般的文献の分析」（Koos, L. V., *The American Secondary School*, 1927），宮坂，前掲書から「アメリカの中等学校における課外活動の発達」

階にある生徒たちが，そのような活動を通して自他の心身の発達過程を認知し，社会的自立を遂げて行くことにかかわる価値で，前者の「市民的社会的道徳的訓練」の心理的側面といってよいものであろう。

なお，ここで訓練という用語が多く使われていることが注目される。「訓練 (training)」とは，人の感情や意志あるいは行為・行動などに直接働きかけて，一定の性向をもった人格をつくりあげてゆく営みで，べつに「訓育 (discipline)」とも呼ばれる。学校などでの教育活動においては，知識や技能などを形成する教授活動＝「陶冶(とうや)」と並んで，教育作用のもうひとつの重要な側面であるとされる。ただし近代（フランス革命以降）の公的な学校では，直接人間の思想・信条などに働きかける，この「訓育（訓練）」はなるべく避け，学校は知的陶冶（教授）を本務とし，その知的陶冶の結果として，間接的に道徳性や社会性などを養うべきだとするのが，これまたひとつの常識であった。しかし，国家などの公的な機関として設けられた学校では，その学校の存立の基盤となっている社会や公共などの必要とする人格形成が求められた[5]。

民主主義にもとづく市民社会の建設を目標とするアメリカの公立学校では，この民主主義社会にふさわしい市民的資質として，とくに「自治」の能力を中心とする民主的政治能力の形成が求められたのである。それは，学校でのさまざまな集団生活の場を利用して，生徒たちが自らの生活を自治する機会をつくることによって可能となる。アメリカの学校（主として中等学校）では，早くから（19世紀後半ごろから），生徒協議会（生徒会）のような生徒たちによる自治組織が設けられ，これを通して集会活動，委員会活動，学校管理活動（生徒たち自身が学校内のさまざまな機関の管理・運営にあたる）などが行われた。

課外活動も，こうした生徒たちの自治活動の一環として行われる場合があった。またさらに，学芸会や運動会などの学校行事も，単に学校での学習や鍛錬の成果の発表というだけでなく，文化祭や体育祭として，生徒たち自身の手による創造的な文化活動や身体活動として，自主的に運営される場合が多かった。

---

[5] 「学校教育における訓練・生活指導」について，学文社刊『新生活指導』2003年,所収拙稿参照

そして生徒たちは，そのような集団的な活動のなかで，将来の市民にふさわしい自主的・自治的能力を身につけるのであった。

文化の創造と教科外活動

課外活動 → 教科外（教育）活動のもうひとつの重要な側面は，その文化的側面といわれるものである。いうまでもなく，生徒たちは，学校での学習（主として教科の課程）において，さまざまな文化的能力を獲得するが，課外活動においても同様のこと，またそれ以上のことが行われる。たとえば，同好の者が集まってある文化（芸術とか体育とか）を追及しようとするとき，教科での学習以上にかれらの興味は深められる。運動とかスポーツとかの分野では，かれらは教科（「体育」）の授業で達成するものよりはるかに高い技能に到達する。さらにもっと素朴な「遊び」のようなもののなかでも，たとえば縄跳びの二重跳びができるとか，竹うまを乗りこなすとかの技能を身につける。さらには現行の教科のなかにはまだ存在しない，新しい文化を創造的に習得することもできる。

このような教科外活動を通じて獲得される文化的能力は，生徒たちの主体的な意欲によって追及されたものであるだけに，その定着度は高く，またさらなる発展性を秘めている。もちろん，教科での学習そのものも，本来そのようなものでなければならないのだが，教科という既存のワクに縛られており，学習がともすれば受動的になりがちなきらいがある。

もちろん，課外活動 → 教科外活動は，教科での学習活動と無関係のものではなく，元来は教科での学習や経験から発展して成立したものであり，また逆に課外活動から得られたものは再び教科の学習活動に還って，その内容を豊かにするべきであると，アメリカにおける課外活動の研究家であったフレッチウェル（Fretwell, E. K.）はのべている[6]。

---

6) Fretwell, E. K., *Extracurricular Activities in Secondary Schools*, 1931

2　わが国における教科外教育活動の展開

戦前の教育内容と教科外活動
訓育に支配された学校

　諸外国（先進国）よりも遅れて近代教育制度の出発をみた（1870年代・明治初年）わが国の学校において，教科外（教育）活動は未だ正当な地位を得ていなかった。

　学校の教育内容は「学科」または「教科」を中心に組み立てられていた。しかし，その学科は筆頭科目としての「修身」（道徳）に典型的にみられるように，多分に（というよりこの場合は完全に）「訓育」的な内容に支配されたものであった。「修身」は後に（1890年）発布（渙発）された「教育に関する勅語（教育勅語）」の趣旨にもとづいて，国民道徳の基礎を学ばせるための教科（学科）であった。しかし，その他の教科，たとえば「国語」（読み方，書き方など）にしても，「歴史」や「地理」，「体操（体育）」や「唱歌（音楽）」などにしても，国民としての志操を養うなどの観点がつけ加えられていた。教科の学習そのものが徳性の涵養といった訓育的な内容に彩られていたのである。つまり「学習」は「訓育」に従属していたといってよい。そこでは「学習の内容」（教材）が訓育的であるばかりでなく，授業規律や学習態度の面でも躾けや作法が厳しく統制されていた。

　この教科の授業のほかに，各種の学校行事なども行われた。それらのなかには，（前節1でのべたように）地域や子どもの生活にちなんだものもあった。しかし，公式の行事は，すべて学校側の主催によって行われ，とくに国家的行事である祝祭日（「祝日及び大祭日」）等に，学校で催される祝賀の儀式については，明治中期以降，その内容，式次第等は，法令によって細かく規定されていた[7]。

7)『小学校祝日大祭日儀式規程』（文部省令），この規定は「小学校令」（勅令）にもとづいている。
　　なお，祝日大祭日とは，元旦（1月1日），紀元節（2月11日），天長節（明治期には11月3日，後にこの日は明治節となった。大正期以降，天長節は改められ，昭和期には4月29日）ほかで，とくにこの3（→4）祝日には法令にもとづく厳格な儀式が義務づけられた。

とくにこれらの儀式に当って，天皇皇后の御真影（写真掲額）に対する敬礼，勅語（「教育に関する勅語」）奉読，祝祭日に相応する唱歌（「国歌」を含む）の斉唱等が義務づけられていた[8]。

このように学校行事等が，公的に，厳格に統制されていたことは，とくに学校における訓育の性格について，国家の志向する価値基準がこれを色濃く支配していたことを物語っている。

また，たとえば上記の「儀式規定（第四条）」に祝祭日等において，校長・教員が生徒を率いて体操場または野外で遊戯体操を行うなどして，「生徒の心情を快活ならしめること」を奨励している。このような身体・運動的行事（「運動会」）や行軍・遠足・小旅行（「修学旅行」）なども普及してくるが，それらが訓育・訓練的性格を強くもっていたことはいうまでもない。

＊後には中等学校に軍隊教練も導入され，現役将校が配属され指導に当った。（「陸軍現役将校配属令」1926年など）

一方，教育展覧会（習字や図画などの展示会，学芸会（朗読や唱歌・劇などの発表会）など，平素の学習の演示的性格をもつものもあったが，これらは子どもたちの側からの自由で創造的な文化的活動とはいい難く，また，そのようなものについては，むしろ抑制的な取り扱いがなされた[9]。

児童自治の性格

しかしそのようななかで，教科外活動と見なされるものも萌芽的には現れて

---

8) 国歌「君が代」は明治期以降，軍事，公事などに慣行的に用いられてきたものであるが，この学校儀式規定によって，さらに権威づけられ一般に普及した。国旗（「日章旗」）についても同様であり，両者の斉唱と掲揚は，学校行事（祝祭日のみでなく，入学式，卒業式等その他の行事においても）必須の項目となり，教科の学習（「修身」「唱歌」「図画」等）においても，これについて格別の指導が行われた。

9) 1909（明治42）年に出された。「講演会，記念会，運動会等監督方」なる訓令や，1924（大正13）年の「学校劇禁止に関する訓令」などがこの間の状況を物語っている。

いた。そのひとつに学級会，校友会など児童（生徒）の自治活動とその組織の一定の発達がある。

ここでは小学校の場合を中心としてみるが，学校における児童（生徒）の自治活動が活発化したのは，明治中期（明治20年代初期）と大正期（第一次大戦後）においてであったという[10]。前者では，憲法（帝国憲法）の制定とあいまって，ともかくも立憲自治の公民的人間が新しい立憲政治のにない手として求められ，それが，中等以上の諸学校における一定の性格での「自治制」の成立を促した。大正期のそれは，あとに記す私立学校の例が示すような新興ブルジョアジーの教育意識に支えられて，中等学校のみならず，初等教育のレベルへと，児童自治活動とそのための組織づくりが及んでいったものとみられる。

小学校の場合についてみると，従来，学級ごとに「週番」と「級長」などの役員をおく制度があったが，たとえば，この「級長（副級長）」等の選出を「選挙制」にするなどということが普及していった。また，自治的な児童活動の場として（学級）児童会や（全校）児童議会などを設置したところもあった。これらは，地方行政組織などにおける自治制をモデルとしたもので，一定の斬新さもうかがわれる。

しかし，ここにおける「自治」の基本性格には，その背景にある地方行政等における「自治制」の性格においてもそうであったように，人民（住民）自らが真に主体性をもって自らの権利として自治を行う，真の近代的自治（self-government）の思想とはかけ離れたものであった。それは公権力による統治機構の一部を肩代わりして，「自ら」統治に従ういわば「自警」組織にすぎなかった。

たとえば「級長（副級長）」の選出を「選挙制」にしても，その決定権（選

10) 明治期については，1888（明治21）年の地方（町村）自治制の発足から89年の憲法制定，90年の国会開設へと続く時期。大正期については第1次大戦後のデモクラシー（民主主義）の思潮の昂まりから，普通選挙制の公布（1925年）へ向う時期である。

　もちろん，この両者の間の時期（日露戦争後の1910年代）にも，主として社会教育の面で「自治民育」を旗印とする「公民教育」運動が展開されたことなどにも関わりがある。

ばれた者のなかから適任者を決める）は受持教員がもち，さらにその任命は校長によってなされる等のことがあった[11]。級長等は学級児童の「民意」の代表者であるというよりは，そのような形をとって選出された，教員の補佐役にすぎなかった。級長等は週番等とともに，教員の意向を級員たちに伝え，教員に代わって学級の秩序，風紀の維持・取締りなどにあたるのであった。

学級会・児童議会等についても，形式は「民主的」であっても，議案の設定等について校長や教員の意向が優先されるなど，体制翼賛的な性格が強かった。

総じて，ここにみられる「自治」の概念には，「自ら治まる（自分のことは自分でする）」個人的自治であり，「自ら治める（共同のことは共同でする）」社会的自治ではなかったと評される[12]。

一方，課外活動については，早い時期（明治前半期）から，主として中等以上の学校（高等専門学校や大学程度の学校）で，とくにある種の分野のもの[13]が著しく発達した。しかし，これらは自然発生的というより欧米などの制度に倣った学校が，正科としての学科以外にも外来の文化をとり入れる窓口として，これらを奨励した色彩が強い。

明治中期（1890年代）には，これらの部活動等の組織化がすすめられ，学校に「校友会」が設置されることが多くなった。しかし，この校友会もどちらかといえば学校側からの部活動等への監督と統制のための組織であって，学生の自治に委ねられたものではなかった。運動部などについては対外試合が盛んになり，全体の生徒活動というより一部の生徒に集中する選手制度がひろく行われた。

生徒自治組織としては，一部の師範学校や官立の高等学校の寄宿舎などで，

11) ある学校の生徒規約に，「各学校級長一名，副級長二名を毎学期生徒に公選せしめたる中より，受持教員之を選択して，校長之を命ず」とあるという。昭和初年（10年代）に小学校生活をした筆者自身の経験もこの通りであった。
12) 宮坂哲文「児童自治の基本性格」（「小学校における児童自治の成立と展開」）宮坂哲文『新訂特別教育活動』明治図書出版，1959年所収
13) 演説討論活動や各種運動競技活動,ほかに文学会など。

一定の統制の下での自治が認められた。しかし，これらももちろん「教場外」のことであり，学校生活それ自体の自治化を意味するものではなかった。

その後，このような学級や学校の内外での集団生活を通じての，生活訓練・自治訓練・校外指導・儀式・行事等は，しだいに，その形式主義とファナティックなまでの精神主義とを強化し，ついには1941（昭和16）年にはじまる国民学校令下の，いわゆる「行(こう)」の教育としての「修練」の課程に組み入れられる。すなわち，これら「教科課程外ノ儀式行事等モ（教科と）併セ一体トシテ」「行学一体」の名のもとに「皇国民の錬成」（国民学校の教育目的）に帰一すべきものとされたのである。ここに，教科外の訓育活動はもちろん，教科の学習そのものも，あげて「聖戦の遂行」を目的とする（「尽忠報国」などの）国民精神の体験的実践と結びつけられ，歴史や地理の学習は神社や忠魂碑への崇敬（参拝）や清掃などの奉仕作業に，国語の学習は戦地の将兵への慰問文書きに，理科や実業科の学習は食糧増産や勤労動員などに転用されたのである。

子どもの生活・文化への着目

一般的にはこのような推移をたどった，戦前の公的教育課程の展開の裏面で，微弱ながら，子どもたち自身の人間としての成長・発達とそれをとりまく生活現実と生活文化の実態に着目し，そのような子ども自身の発達と生活の発展に即して，学校の教材文化・教室文化，ひいては学校内外での生活文化をとらえ直したり，つくり変えたり，創出したりすることが，一部の教師，学校，教師集団によって試みられていた。そのことについては前節（本章第1節）でも述べられているが，ここではそのような自主的な教育内容（多くは方法的な次元にとどまったものとみられるが）編成の試みのなかで，教科学習と教科外活動の相互関連の問題にかかわる二，三の歴史的遺産をあげるにとどめたい。

ひとつは既存の学科課程の枠を変更することなく，その学習題材（教材）を可能な範囲で生活化しようとするもので，「生活算術」「生活理科」のように子どもの生活のなかでの事象や問題意識のなかに題材を求めるいき方である。

そのなかには奈良師範女子部附属小学校で大正中期から昭和初年にかけて実

践された「生活修身」のように，子どもたちの教科外活動である「自治会」（学級自治会）の活動を題材選定の過程にくりいれ，そうすることによって修身という教科における学習そのものを独自学習や相互学習によるより主体的なものにくみかえるといった試みもある[14]。

また，比較的自由なカリキュラム編成が可能であった私立小学校などで，独自の構想に基づく教科編成（教科書教材を全面否定したわけはないが）を行い，それとの関連で子どもの自主的な集団活動や文化活動を教育課程内に実質的に位置づけた例もある。例えば，野村芳兵衛らが指導した，池袋・児童の村小学校では，子どもの学校生活には，「学習学校（文化の習得）」のほかに，「野天学校（野性的な遊び）」と「親交学校（なかまづくりのクラブ）」とがなければならないとし，原則として午前中を「読書科」「計算科」「観察科」「作業科」などのいずれも活動的な性格をもつ学習の時間，午後を「生活科」としての自主的なクラブ学習の時間とした。このクラブ学習は，何よりも共同の目的をもつ「なかまづくり」を通しての社会的人格形成をめざすものであり，「協働自治」の訓練の場となるものであったが，そこではまた，さまざまな集団的な活動内容を通しての児童文化の創造活動が行われ，さらに表現（発表や作文など）の技術を身につけることは，文化の学習の基礎とされた[15]。

一般の公立学校などでも，よく知られているように，比較的自由な「綴リ方」の時間などを窓口として，書くこと（表現）の前提として，自己の生活や，外界の自然・社会の事象を対象とした「生活勉強」を組織しようとしたものがあった。それは，そのことを通じて，教科の非科学性・非人間性を克服し，学習をみずからの生活的知性の発展に結びつけようとするものであった。また，通常

14）岩瀬六郎『生活修身原論』明治図書出版，1932年
15）野村芳兵衛『新教育に於ける学級経営』1926年「野村芳兵衛著作集2」黎明書房，1973年所収　なお池袋児童の村小学校の生活教育研究会を母体として，1935（昭和10）年1月に雑誌『生活学校』が創刊されたことからはじまる生活学校運動は，大正自由教育の方法的遺産を発展的に継承しながら，現場の新しい教育実践との結びつきを深めることによって「生活教育運動」として発展していった。

の教科の枠外で（しばしば第二教科などともよばれて）一種の生活題材による「総合学習」としての「郷土学習」「生活単位学習」などを展開した例もあった。

しかし、このような試みも、そこである程度吸いあげられた子どもの主体的な、そして共同的な学習へのとりくみを、本来の教科の学習を通していっそう、普遍的で科学的な認識へと高める通路をもたず、また、子どもたち自身の集団的な自治能力の発達に結びつける教科外教育としての組織論と、その実践の条件を欠いたために、前述のような体制側からの組織化である、超越的な「体験学習」「行」の教育へと換骨奪胎される経過をたどらなければならなかった。

戦後の教育改革と特別教育活動
戦後初期の教科外教育の理念と展開

前項にのべられているように、わが国の戦前の学校教育（とくに義務教育の小学校など）においては、教科の授業以外のものとして展開された教育活動はきわめて限定された性格のものであった。一部の先駆的な実践は別として、児童・生徒らによって自主的に展開される諸活動とそれへの指導が、学校の正規の教育活動として公認され、教育的に組織化されることはなかった。それどころか、児童・生徒らによるそのような自主的な集団活動は、しばしば校則にもとるものとして取り締まりの対象となったり、スポーツや同好会などの文化的な活動も、選手制度や厳重な管理体制のもとでわずかに「課外」の活動として認められていたにすぎなかった。また入学式・卒業式・運動会・学芸会などの学校行事も、多くは「儀式」化され、パターン化されて、すべて学校側の指導・管理によって実施された。しかも、その教育的な意図は、すべて国家主義的な国民錬成の目的に結びつけられていた。

このような、教科外における児童・生徒の活動やそれを指導する教育活動を民主的に解放し、それがもたらす教育的価値をあらためて学校の正規の教育活動（教育課程）の一環として、正当に位置づけ、組織することに着目されたのは、わが国においては第二次大戦後のことであったとされる。

たとえば、戦後わが国の教育改革に示唆を与えた米国教育使節団（第一次、1946年3月）の報告書は、新しい道徳教育のあり方や公民教育の実践形態について述べた箇所で、「民主主義的な政治のやり方」や集団の意思決定のしかたを学ばせるために、学校内に小型の議会や委員会組織をつくったり、合唱団や演劇・スポーツなどの集団的文化活動の場を豊富に設けて、生徒たちのこれへの参加を指導するように説いている。

これより先（1945年秋頃から）、戦後の開放された社会的雰囲気のなかで、また戦前・戦中の抑圧された学校生活への反感や弾劾のあらわれとして、多くの中等以上の学校で校長排斥などの学校紛争が起こり、それを契機として生徒自治会などが結成されていったことは注目される。しかし、このような戦後初期の生徒自治活動は、当時、学校側にこれについての指導理念が欠如しており、生徒たちのなかにも民主的な自治能力が育っていなかったために、正常に発展し得なかった。

しかし一方、当時の文教当局が自主的に推進した、戦後の新しい公民教育の模索の過程で（文部省『国民学校公民教師用書』1946年9月など）、社会的な行動の訓練（「躾け」）としての生活指導の実践場面として「自治の修練」がうちだされたりもした。そして小学校などでも「児童の自治」の活動をとおして、「民主主義の生活の仕方」を学ばせようとする意識的な教育活動がしだいに盛んになっていった。

1947年3月、6・3・3制による新学制の発足を控えて、文部省から出された戦後初の教育課程（当時は「教科課程」）基準としての『学習指導要領一般編（試案）』には、まだ教科外教育課程の特設は行われていないが、そこに社会科などとならんで、新設の「教科」としてうちだされたものに「自由研究」があった。

これは、小学校4年生以上で週2～4時間程度（中学校では1～4時間）を配当するもので、その内容は、(1)「個人の興味と能力に応じた教科の発展としての自由な学習」を主体とするものであったが、さらにこれに、(2)学年・学級

の枠をとり去った「クラブ組織による活動」，(3)「当番の仕事や学級委員としての仕事」など，明らかに「教科外活動」と目されるものが含まれていた。当時，この(2)，(3)にあたるものは，教科としての「自由研究」とも別枠のものとして実践されていた。やがてこの「自由研究」は，その(1)にあたるものが実際上あまり活発に実施されていないこと，およびそれは本来各教科における学習指導法の改善によって教科の学習に吸収されるべきことを理由として廃止され，これにかわって，上記の(2)や(3)および学校において通常展開されている教科以外の教育的諸活動を包含するものとして，新たに小学校では「教科以外の活動」，中学校・高等学校で「特別教育活動」が，「教育課程」のなかに設定された。

　中学校については，すでに1949（昭和24）年の文部省通達によってこのことが示されたが，これをいっそう明確に確定したものは1951年に改訂された『文部省学習指導要領一般編』においてであった。そこにみられる，上述の「自由研究」廃止の理由にはなお疑義も存在するが，ここに規定された「教科以外の活動」ないし「特別教育活動」が，教科の学習とは別の指導理念にたつ，「民主的組織のもとに，学校全体の児童が学校の経営や活動に協力参加する活動」（小学校）など，すぐれて児童・生徒の自治活動を中核とする教育活動に独自の教育的意義を認め，これをたんに「課外」活動としてではなく，学校の正規の教育活動として，その教育課程のなかに「特別に」重要な領域として位置づけたことは，「日本の教育課程の歴史のうえからも……画期的な意義をもつことであった」[16]と評価される。

　しかし，この児童・生徒の自治的な集団活動をとおして「民主生活のし方を学ばせる」ことを目的とした「特別教育活動」は，その教育活動としての編成と，それについての指導体系の組織化のすじ道になお明確さが欠けていた。さらに生徒の「自治」についての理念に，やや方法主義的な限定（「自治」を教育方法としてのみとらえ，児童・生徒自身が自らの生活を自主的につくりかえてゆく要求主体として認識し，その要求を育て高めてゆく指導の理念になお甘さがあった）がみられたために，また教科外活動における生徒自身による文化

追求の理念にも弱さがあったために，この特別教育活動はしばしば形式化やマンネリズムにおちいりがちであったともいわれる。

ともあれこの戦後初期において，学校の正規の教育課程のなかに，正当な市民権を有することになった，児童・生徒の自治的集団活動を主軸とする教科外活動は，それを通じて，児童・生徒の学校生活それ自体に民主主義を導入し，民主的な社会の市民としての能力（市民的資質）を高めようとする積極的な理念に彩られていた。そして当時先進的であったいくつかの学校等では，教師集団の努力によって，この理念の実現をめざす実践が模索された[17]。

しかし一般には，なお特別教育活動の形式主義的なあり方を克服できないでいるあいだに，文教政策の変更にともなって，この教科外活動の教育課程上の編成について，異なった原理からの再編成がすすめられるにいたった。

教科外教育の再編とその自主的探究

1958（昭和33）年，学校における道徳教育を強化する論議が高まるなかで，『文部省学習指導要領』が改訂された。ここで週1時間の「道徳の時間」が特設される一方，小・中学校とも「特別教育活動」と呼称されることとなった教科外活動とは別に「学校が計画し実施する教育活動」としての「学校行事等」が，教育課程上新たな領域として特設された。つまり，これによって小・中学校の教育課程は，各教科・道徳・特別教育活動・学校行事等の四つの領域に編成されるものとされた。この際，道徳教育は「道徳の時間」のみならず，学校教育の全体をとおして実施されるべきものとしたが，その道徳教育の理念は政治的権利主体としての市民的資質の形成よりも，人間関係など社会的適応力（協調性）や，家族，職域，国家など，所属する集団に対する責任と役割の意識を強調するものであった。各教科以外の3領域については学校・教師の主導権が強調される「道徳」と「学校行事等」が前面に出され，児童・生徒の自主

---

16) 宮坂哲文，前掲『新訂特別教育活動』189頁
17) たとえば，1940年代後半における東京四谷第六小学校における児童自治活動の指導，1950年代前半における京都旭ヶ丘中学校の生徒会活動などの例がある。

的活動を中心とする「特別教育活動」の位置は相対的に弱められ，その活動内容も学校や学級における限定された範囲での問題の処置や仕事の分担などを内容とする児童（生徒）会活動や学級活動と同好の児童・生徒による趣味的活動としてのクラブ活動に限られることとなった。なお，中学校の「学級活動」や，1960年に改訂された高等学校の特別教育活動における「ホームルーム」のなかでは，とくに学級（ホームルーム）担当の教師による「進路指導」など生活適応に関する「生徒指導」の要素が大幅にとりいれられた。しかしまた，他面，特別教育活動については生徒の自発性・自主性の尊重の名のもとに，計画的な指導の理念がいっそう後退し，活動が児童生徒にゆだねられて，かえってそれが衰退する傾向を招いたことも事実である。

　このような，教科外教育活動の再編と道徳教育の強化などの状況のなかで，児童・生徒の自主的集団活動の教育的組織化という教科外活動の本質をまがりなりにもつらぬこうとする特別教育活動の実践の舞台は，ひとまずは学級担任を中心とする「学級づくり」の活動に移されていった。元来学級は教科の学習のための組織であるが，前節でも述べられているようにわが国の公教育において，それは教師を中心とする児童・生徒の学校生活の管理の単位でもあった。しかしこのような「学級」という生活集団を足場とする，固有の意味での「生活指導」の実践も歴史的に蓄積されてきた。そこでは，たとえば児童たちが「綴方」という表現の手段を用いて，それぞれの生活のなかでの共通の課題を対象化し，深めあうことを通じて，ひとりひとりの児童の「生き方」の指導がなされるという，生活綴方的な教育方法が探究されていた。戦後の教科外活動はあらためてこの歴史的な生活指導のすじ道を追及することによって形式主義から脱却しようとしたのである。

　このひとりひとりの児童の束縛されない自己表現を足場として，これを集団化し，学級という「なかまづくり」を進めてゆく「学級づくり」は，子どもの自主的な生活活動の教育課程化に重要な手がかりを与えたが，さらにそれを越えて，学級という集団，全校的な集団そのものの質を民主的・文化的に発展さ

せることを通じて，個々の児童の行動の様式を変容させてゆく集団主義による生活指導のすじ道（「集団づくり」）も探究された。そしてこれを手がかりとして，このような生活指導の「主要な場面」としての教科外諸活動への新たな教育論的な着目と，その計画的実践の方策が，全国の教師たちの自主的な研究活動を通じて追求されていった。

一方，1968（昭和43）年，再度全面改訂をみた文部省学習指導要領においては，教育活動の領域は「教科」「道徳」「特別活動」の3領域に分けられることとなった。ここに58年にいったん分離された「特別教育活動」と「学校行事等」が，新たな『特別活動』に吸収合併されたが，その内容は異質のもののだき合わせであり，しかも全体をとおして特別活動の目標には「望ましい集団活動」をとおして「協力的な生活態度」を育てるという「生徒指導」的な観点が前面に出され，教師主導の指導形態をとる「学級指導」などが新設された。またレクリエーション的な性格をもつクラブ活動を必修化（必修クラブ）してこれを時間割内に位置づけた反面，児童・生徒の自主的な運動・文化等の活動（部活動）を教育課程外におきそれについての積極的な指導の場を学校教育から欠落させるなどの新たな問題も発生した。総じて児童・生徒の自主的・自活的活動についての積極的な教育編成からのいっそうの後退がそこにみられる。

この間，1960年代後半から70年代へかけて，いわゆる経済発展がもたらした，地域などの生活環境の破壊現象のなかで，青少年の心身の発達の阻害，人格形成のゆがみが注目されるにいたった。ここに，家庭・学校・地域などを通じて全体としての教育環境・教育条件の再点検が求められたが，そこで学校の教育課程については，教科の学習をとおしても形成される一方，教科外の活動をとおして確保される人格的諸能力—とりわけ社会的・集団的な実践力，民主的自治能力等—の形成が根本的に問い直されることとなった。そこではまた，広い意味での人びとと交わる能力や，自己の身体そのものを含めて，文化を自らのもの，自分たちのものとして創造し駆使する能力等が，自治的能力の形成とも深く結びついていて育てあげられなければならないと指摘された。ここに

あらためて文化的な諸活動を内に含む，自主的集団活動としての教科外活動の教育的組織化の重要性が確認されたのであった[18]。

一方，教育行政当局においても，そのような状況をそれなりに配慮し「ゆとりのある，しかも充実した学校生活」の創造をスローガンとしてうちだした，1977～8年の教育課程基準の改定において，新たに，教科の時間，教材内容の削減によって生じたとされる「ゆとり」の時間を，教科以外の教育活動に大幅に充当する構想が示された。

しかしながら，この「ゆとりの時間」は，その例示された活用例（「体力増進のための活動」「地域の自然や文化に親しむ体験的活動」「教育相談に関する活動」「集団行動の訓練的な活動」等）にみるように，おおむね学校主導型の生活訓練ないし鍛練的な教育活動にあてられ，特別活動それ自体の団体訓練的な性格の強化とあいまって教科の授業時間外の児童・生徒の学校生活をすべて訓練的に管理・統制する方向を示した。ここにおいては教科外活動の本質である児童・生徒の自主的活動とそれへの積極的な指導の場は，著しく限定され，その健全な展開が妨げられた。

教育課程再編成の動きと特別活動
危機に立つ教育

高等学校への進学率が90％をこえる1970年代後半頃から，わが国の教育には，さまざまなゆがみが現われてきた。

まずは，生徒たちの学力差が顕在化し学習（授業）についていけない生徒たちは，そこから脱落するばかりでなく，「非行」的な行為に走ることも多くなった。さらに1980年代に入って，校内暴力，家庭内暴力などの暴発的な傾向や，逆に，不登校，引きこもり，いじめ，自殺などの社会的阻害現象も目立つようになった。教師の指導は行き届かず，学校は荒廃にまかせられるか，厳しい管

---

18) 日本教職員組合教育課程検討委員会『教育課程改革案』（1976年）の「自治的諸活動を中心とする教科外活動」など参照。

理の体制をとるしかなかった。

　一方，家庭や地域などの生活環境の変化からも，子どもたちの心身の発達や人格の形成にゆがみが生じていると指摘された。このようなことを背景にして，わが国の教育のあり方を，どのように改革すべきかについて，教育の当事者である教師や父母たち，さらに，民間の教育研究者の集団などからも，数多くの改革提言がなされた。

　さらにこのことについて，やや別の意味で（国家や経済の立場から）強い危機感を抱くようになった政府の文教当局や，政界・財界の各種機関からも各種の改革策が提起された。

　そのうち，その後の施策の流れにもっとも大きい影響力をもったものは，80年代半ばに，21世紀へ向けての教育の基本政策の検討を行った政府（中曽根内閣）直属の『臨時教育審議会』（1984〜87年）であった。

　ここでは，明治期以来のわが国の教育の「画一的，硬直的，閉鎖的」な性格を打破し，「個性重視の原則」に立って，教育に自由競争の原理をとり入れるという教育「自由化」論がうちだされている。また，学校教育を，より幅広い「生涯教育体系」のなかに位置づけ，家庭や地域その他の教育機関とも連携して，相互の教育力の活性化を図るべきだとしている。さらに，21世紀へ向けての教育の目標としては，教育基本法の精神に立つとしながらも，「公共の精神」や「世界の中の日本人」としての自覚などを育てるべきだと説いている。

　その後，この基本線に沿って各種の改革が進められたが，学校教育の内容については，学習指導要領の改定（小・中学校1988年，高等学校1989年）が行われた。ここでは，21世紀も間近となり，激しく変化する時代に，青少年が心豊かに，主体的・創造的に生きていくことができるよう，「自ら学ぶ意欲と社会の変化に主体的に対応できる能力」の育成を図り，「個性を生かす教育」を充実させるとしている。小学校低学年に従来の理科・社会に代わって新しい教科「生活（科）」がおかれたり，中学校の教科の授業時数の標準に幅をもたせたり，高等学校に総合制や単位制など多様なコースがひらかれるなどとした。

また,「特別活動」の学校行事などに際して「国旗」を掲揚し,「国歌」を斉唱すること,およびそれについての指導が改めて義務づけられた。

「生きる力」を育てる

その21世紀も現実のものになろうとする1990年代に入り,わが国の教育はまた新たな課題に直面することとなった。

世界史的にみれば,東ヨーロッパやソビエト連邦の政変などにより,新たな世界秩序が形成され,経済の世界市場化が進み,わが国にも国際化の波が押し寄せる。情報・通信技術の進歩は企業世界のみならず,家庭や個人の日常生活にまで浸透してきた。地球的な規模での環境問題や人類の存続にかかわる問題までもが緊急の対応をせまっている。さらにわが国では,少子・高齢化が進み,健康・医療・福祉などの問題が深刻さを増してくる。

一方,これまではともかくも維持されてきた物的生活の充足のなかで育てられてきた青少年たちには,すべてを受動的に充足し,自ら外界にはたらきかけたり,自ら向上しようとする意欲に乏しい者もみられる。このことは,教育の場にも反映し,学習意欲の減退や集団のなかで自己統制のできない子どもなどが目立ってきた。なかには,瞬間的な感情を統制できず,暴発する（キレる）者もいる。

こうした状況を背景として,「21世紀を展望したわが国の教育の在り方」を答申（1996年7月）した第15期中央教育審議会は,そのスローガンとして「子どもたちに〈生きる力〉と〈ゆとり〉を」をかかげた。

そこでも,予想を超えた変化のなかに生きていく,これからの時代の子どもたちに必要とされる教育は,既成の知識やパターン化された思考方法ではなく,「自ら課題を見付け,自ら学び,自ら考え,主体的に判断し,行動し,よりよく問題を解決する資質や能力」および「自らを律し,他人と協調し……たくましく生きるための健康や体力」など,総じて「生きる力」を育てることであり,そのためには,子どもたちの学校生活（さらに生活全体）に,じっくりとものを考え,自ら納得しつつ学ぶ「ゆとり」が必要であるとされた。

これは，しばらく前から繰り返された議論でもあるが，このたびは，2002年から全面的に実施される「学校5日制」にも対応して，学校教育の全般的なスリム化が求められたこととも関係している。

そのために学校教育では，教育内容を精選し（このたびは，とくに「厳選」とした），基礎的・基本的なものに絞り，確実な定着を目指すとともに，他方でこれからの時代を生きていくうえで求められる，さまざまな課題について学ぶ，既存の教科の枠にとらわれない「総合的な学習」などに取り組ませるとしている。

「ゆとりの教育」と「開かれた学校」

それらをうけて，1998（平成10）年，ふたたび新しい学習指導要領（小・中学校）が告示された（高等学校は99年，全面実施は小・中は2002年，高校は03年から）。

そこでも，教育課程編成の一般方針として，児童・生徒に「生きる力」をはぐくむことを目指し，「創意工夫を生かし，特色ある教育活動を展開する」なかで，「自ら学ぶ意欲と社会の変化に主体的に対応できる能力」の育成を図るとともに，「基礎的・基本的な内容」の指導を徹底し，「個性を生かす教育」の充実につとめるとしている。

教育課程編成の基本的な枠組み（「各教科」「道徳」「特別活動」）は変えていないが，「各教科」については，授業時数で20％程度，教科内容で30％程度の削減を行ったとし，そこに生ずるはずの「ゆとり」の時間を活用して，小学校3学年以上で，週3単位時間程度の「総合的な学習の時間」を「各教科」とは別に設定している。

この「総合的な学習の時間」では，それぞれの地域や学校，児童（生徒）の実態などに応じて「横断的・総合的な学習」や「生徒の興味・関心等に基づく学習」など創意工夫を生かした教育活動を行うとし，そこでは，「自ら課題を見付け，自ら学び，自ら考え，主体的に判断し，よりよく問題を解決する資質や能力を育てる」などとしている。

そして，このように，学校が特色のある教育活動を進めるためにも，学校は従前の閉鎖的な性格を破り，「開かれた」性格をもつものとして，とりわけ，その学校が立地する地域社会や家庭などとの協力関係や連携を深める必要があるとしている。

　このような動きのなかで，児童・生徒の自主的集団活動を基本とする「教科外教育活動」への比重はさらに狭められているという印象ももたれる。しかし，とくに戦後わが国の学校教育に位置づけられてきた，この教科外（教育）活動の理念は，民主的な学校教育のさまざまな局面を通じてなお豊かに保たれつづけていることも多くの教育実践を通して確認できる。以下の章の記述はそれを明らかにしてくれるだろう。

【参考文献】

宮坂哲文『新訂特別教育活動』明治図書出版，1959年（『宮坂哲文著作集』Ⅲ，明治図書出版，1968年所収）

竹内常一・西村誠他編著『教科外教育』（講座「日本の学力」10）日本標準，1979年

全国生活指導研究協議会編『新版学級集団づくり入門　小学校編』明治図書出版，1990年

中野光・吉村敏之編『学校行事の創造』ぎょうせい（「日本の教師10」）1995年

日本生活教育連盟編『日本の生活教育50年』学文社，1998年

白井慎・西村誠・川口幸宏編著『新生活指導』学文社，2003年

文部（科学）省『小学校（中学校，高等学校）学習指導要領』（1998〜99年）関連部分巻末に掲載

2 自分たちで創り上げる文化

山岡 雅博

1 「特別活動」で何をさせるか

　一般的に学校教育は教科指導と教科外指導に大別される。前者における生徒の活動は授業での学習活動であるが、後者における生徒の活動の中心は、学校行事や学級活動、部活動などでの特別活動である。そして、学習活動が教師主導で、「教わる」ことが中心になっていることに対して、特別活動は、文化祭や部活動などの場面で、生徒たちが中心になり、主体的に創造的な活動を行うことが中心になっている。

　このような特別活動の指導において、私が大切にしたかったのは大きく3つ

の部分に分かれる。ひとつ目は自治的な特別活動がスタートするときの問題である。教師がどのように指導して行けば,「子ども発」の活動が始まるかということである。具体的には,「動機付け」や「目標の設定」の部分で,「自分たちでやっていこうとする気持ち」や「みんなが納得する目標づくり」などが子どもたちの内側に育っていてこそ,生徒の主体的な活動がスタートしていく。二つ目は,その取り組みによって獲得されていく「文化の質」の部分で,「その活動で使われる技術の習得や文化的な価値や概念の獲得」である。目標の達成や技術の獲得などが生徒自身の自尊感情を高揚させ,見る人の感動を呼び起こすとき,次のより高い目標への挑戦につながっていく。そして3つ目は,その目標達成をめざして仲間と「共通の課題を乗り越えていく」という取り組みの過程の部分である。取り組みの過程では,人間関係が鍛えられていく。「みんなでがんばろう」と始めた取り組みが,誰かの不正行為で挫折しそうになったり,頑張りきれない人が出てきたりする。そういった「取り組みの過程に生じた問題の克服」や「目標達成のために支え合えあう人間関係」を通して,集団としての質が高まり,一人ひとりの自立をサポートしていく関係を育てていく。本稿では,この3つの部分において,私自身の実践を紹介しながら,その時の教師の指導と生徒の活動や気持ちなどを振り返ってみたい。

2 「『子ども発』の活動」…子どもの自発性を育てる

支えられて,自信を育てる

　入学当時,貴志は目立つ方ではなかった。どちらかというと無口な方だが,気の強いところもあり,気が向かないとノートも取らず寝ていることがあったり,気にくわないことがあると教師でもにらみつけるようなところもあった。そんな彼が人の前に立ったのは一年の三学期の合唱コンクールの時からだった。当時,学級のリーダーとしてがんばっていた哲也は優しい人気者だった。そんな哲也と仲の良かった貴志の二人でパート・リーダーになった。この二人に引っ

張られて男子が声を出すようになり、そのクラスは上位に入賞することができた。彼の中に、仲間と力を合わせることの喜びや本気でがんばれば何とかなるという自信が芽生えてきたようだった。同時に、男っぽいが一匹狼に近かった彼が哲也や女子のリーダーたちに支えられて、みんなに認められた瞬間でもあった。

オレ達だけでやらせて下さい

　こういった取り組みを重ねて貴志も着実に力を付けていった。三年二学期の運動会で彼は実行委員長をやった。修学旅行も自分たち中心で、成功させていた彼らは、行事を終えるごとに自信をつけていった。学校全体でも、一・二年生は「三年生を見習って…」といわれることが多くなっていった。基本的にはクラスごとの競い合いではあるが、女子全員でのダンスと男子全員での組立体操は運動会の花として、子どもたちも力を入れる演技の一つだった。特に三年男子は三年間の総決算として「四段タワー」に挑戦する。クラスを越えて学年が一つにならなければ成功しない。四段タワー一基と三段タワー二〜三基を作り他の者はサポートをする。ところが本番、組立体操直前から降り出した小雨で足を滑らせ、四段タワーは失敗してしまった。その思いを貴志は、運動会の閉会式で実行委員長としてみんなに語った。紙の切れ端に書いたメモを読み上げるような型通りの閉会の言葉ではなかった。みんなで協力してきたことを振り返り、この失敗を乗り越えようと最後に結んだ。既に彼は、ありのままの気持ちを言葉にする勇気を持つようになっていた。

　その後、貴志は三年後期の学級委員長になった。一年からずっと学級委員を続けている数名の女子たちの圧倒的な支持があったそうだ。彼女たちはてきぱきと仕事をこなし、担任以上にクラスに精通している女子たちだった。実務的

に彼女たちにかなう者はいなかったが，彼女たちが選んだのは貴志だった。
　そして，三学期の合唱コンクールでもすばらしい力を発揮してクラスを準優勝に導いた。「最後の合唱コンクールがんばろうぜ…」とクラスのみんなに語るように訴え，自ら課題曲の伴奏者に立候補した。驚くのは，ピアノを習ったことのない彼が，受験勉強と平行して，二ヶ月の独習の末，「モルダウ」という曲を弾けるようになってしまったということだ。
　極めつけは，卒業式の数日前におきた。教員たちに感謝の気持ちを伝える謝恩式を学級委員会が計画しており，「先生方は体育館から出ていって下さい」といわれて何度か生徒だけで体育館で活動していたことがあった。そして当日，体育館で全員集まっている時，貴志が「先生，僕たちは卒業するにあたってやり残したことが一つあります。それは四段タワーです。今からやりますからぜひ見ていて下さい。」といいだした。実は私たち教師を驚かせたくてこっそり練習していたのだった。練習には危険も伴うことなので，私たちには内緒のまま，校長先生だけに頼み込んで，練習の許可を得ていたのだった。運動会の時と同じように整然と準備が進み，三段タワーが完成しいよいよ四段タワーに取りかかった。声を合わせて下から順にタワーが立ち上がっていく。そして最上段の男子が立ち上がり手を真横に伸ばした。体育館に歓声がこだました。呼びかけたのは貴志だった。その呼びかけは学級委員会を中心にした子どもたち全体のうねりになっていたのだった。最上段の男子が無事におりてから，子どもたちは貴志のまわりに集まり，「やった，やった！」といいながら握手を求めた。そのうち，彼の目から涙があふれ出しても仲間からの握手は終わらなかった。校長先生も泣いていた。学年の教師もにこにこしたり，泣いたりしていた。体育館が落ち着き始めた頃，貴志，体育科で学級委員会指導の先生，校長先生，涙の三人の男たちがそれぞれその思いを語ったのだった。

教師は何をしたか
　自治は，雪だるまが大きくなるように，転がりながら大きくなっていった。

ひとつの自信は次の自信につながり，みんなの自信になっていった。そんな自信を最も大きく育てていった貴志だから，みんなに自分の言葉で語ることができたのだろう。

　四段タワーが失敗した運動会の後，担任は貴志に「もう一回やってみたら，君たちならできる」と話した。その半年後に，貴志は教師には相談せずに，自分たちだけで実行してしまったのである。

　彼らには，教師たちに愛され，支えられている実感があった。単純に，教師たちのそんな思いに応えるという発想から生まれた取り組みだったかもしれない。しかし，それ以上の意味を感じるのである。自分たちだけでやることが本当の自信につながり，もうすぐ旅立つ自分たち自身に勇気を与えると感じていたのではないだろうか。おそらく貴志は「先生には内緒で，自分たちだけの力で成功させよう」とみんなに呼びかけたはずである。運動会であげられなかった四段タワーへの悔しい思い出と，自分たちで始める行為こそがその学校で自分たちが育った証と感じ取ったのではないだろうか。思春期の入り口で，それまでは誰かにやらされていたと気付いた彼らが，徐々に自立していき，生活主体として自分たちが必要だと感じたことを自分たちでやり始めたようである。貴志が仲間たちに語る言葉には「自立のすばらしさ」が込められていた。それは仲間の願いそのものであり，みんなの要求を代弁した貴志は，仲間からリーダーとして認められていったのだろうと考えられる。これが，貴志を中心に，卒業期の一連の自治的な活動がスタートできた要因だったと考えられる。

　もう一つの視点は，「先生たちを驚かせる」と彼らが発想した意味である。一般的に「自立は依存を引きずりながら進められる」と言われている。また，自治的な集団の活動の中で一人ひとりの自立も進んでいくものである。この二つを総合的に眺めると，一人ひとりの子どもが，大人に対して甘えたりつっぱたりしながら独り立ちしていくように，子どもたちの集団も，教師に見守られている安心感の中で，少しずつ自治が進んでいくのではないだろうか。そういう関係が，子どもたちと教師集団にはあったような気がするのである。

最初のころは、「君たちにはできる。大変だけど、自分たちだけでできると楽しい。」と言い続けていた。そして、自閉症の子どもを仲間で支えた学級の取り組みや、感情的にこじれてしまった女子のグループのいがみ合いを解決するための話し合いなど、三年間重ねてきていた。話し合いの方法や失敗の乗り越え方は一・二年の時にたっぷり経験してきていたのである。自分たちでやっていく方法が身に付き、自分たちでやっていくことの充実感や感動を知り、そんな自分たちに自信を持ち始めるとき、自治は転がり落ちるように加速していくものではないだろうか。

3　「演技の質を高める『だめだし』」…活動を通して、より質の高い文化を獲得させる

派手なケンカ

　「先生、二年生がケンカをしているんです。すぐ来て下さい。」演劇部の三年の部長が血相を変えて飛んできた。

　女子ばかり十数名の演劇部で二年生は全部で五名。副部長で物おじせずにズバズバものを言う典子と、積極的で芝居のうまい美香の二人を中心に良くまとまっていると思っていた。

　現場に行ってみると、典子と美香を中心にした四人が、猛烈な勢いで言い合っていた。そこで、部長の三年生を司会にして、二年生だけの話し合いを持つことになった。

　ことの発端は、部の活動時間になってもトイレの中でおしゃべりをしていた四人に対して、典子がきつい口調で叱責したことから始まったらしい。美香たちの言い分は、今まで何度か典子の言葉に傷つけられたことがあり、今日もその言い方が許せなかったのだという。このことだけで、不熱心な仲間を注意したリーダーの典子の方が正しいと簡単に結論を出してしまおうとも思ったが、もう少し様子を見ることにした。「リーダーいじめ」に発展しやすいケースではあったが、美香たちの不満を押さえ込むべきではないと思った。今回の事件

での，善悪の裁定を第三者である教師がやってしまっても，彼女たちの心のわだかまりをほぐすこともできなければ，人間関係を修復するためのきっかけにもならないとも思った。それに，妙な温かさのあるケンカだったのである。

「口げんか」からスタートした話し合いは，いかに傷つけられたかというアピールから始まっていた。まず四人は，典子は普段の話しの中で，きつい言い方で相手の欠点などを指摘してくると言い始めた。

「典子ってさ，人の気にしてること，意外と平気でいうじゃない，あれって結構傷つくんだよね。」と美香たちが切り込んでくる。

「そうか，あたしね，小学校の時にも言われたことがあるんだ。」と典子は不思議なくらい素直に認める。するとそれぞれの小学校当時の話になり，生い立ちや自分の性格にいたるまで話が広がる。その話が一段落すると典子のほうからも，

「あたしもさ，部活の時はよく美香ちゃんと話しているけど，（私の考え方と）ちょっとちがうなって思うことがあったんだ。」という具合に友人関係や部活動に対する感じ方や意気込みなどの違いなどをズバリと指摘してきた。

いつも感じたままを素直に表現している典子にとって，本当のことだけ話していても，人を傷つけてしまうことがあるということに気付き，少しとまどっていた。

時々笑い声すら交えての激論は，かなりハイテンションな雰囲気で進んでいた。聞いている者の方がドキッとするような内容をぶつけ合っている彼女たちを，私は不思議な気持ちでながめていた。私の経験では，こういうケースではどちらかが泣き出して終わってしまう場合が多かったからだ。

言われた方は耐えていた。言った方も耐えていた。彼女たちの持ち前の気の強さだけでは到底がまんできないぐらいの内容だった。相手の言葉によって傷つくことなら相手を罵倒すればすむことだが，話し合いによって明らかになってきたことは，それぞれの自分自身だった。

典子は厳格で正義感が強かった。言動に裏表もなく，思ったことをきっぱり

と告げることができた。二年生ながら創作劇の演出をしたことがあったが，三年生に対しても言うべきことははっきり言い，誰に対しても厳しく自分の信じる演技を要求することができた。このこと自体，間違ってはいない。しかし，「真実」は真実であるがゆえに，人を傷つけてしまうことがあることを典子は知らなかった。特に相手の欠点や失敗を指摘するときには，相手の「痛み」を共感せずにおこなえば，相手を説得するどころか，心の傷と反発しか残らないということを痛いほど思い知らされた。

　美香たちには，一人で部をまとめようとしていた典子の気持ちが分からなかった。典子は強情で相手のことなど気にもとめずに，言いたいことだけずけずけと言う無神経な子だと思っていた。しかし，それを指摘すればするほど，いい加減だった自分たちの姿が浮かび上がってきてしまった。

　涙を流すことで済ましてしまうことはできないという思いや，激しい言葉をぶつけ合いながらも，お互いの気持ちを配慮するような優しさに支えられていた。精一杯の話合いは二時間続けられた。

　その後，文化祭までの間，彼女たち中心での練習が続けられた。顧問は，学年の文化祭の取り組みが忙しく，部員だけの練習となったわけである。三年生は最後の文化祭に出演したいという希望を持っていたので，演出は再び二年生の典子がやることになった。一般的に，中学生の劇で，演出の仕事と言えば，「よーい，スタート」などの声をかけたり，せいぜい声の大きさを注意したりするぐらいである。シナリオを読み込んで，登場人物の心理分析までできることはあまりない。しかし，典子は登場人物の気持ちにこだわって演出をするようになっていた。「どんな気持ちで，そこに座っているの？」，「なぜ登場したの？」と細かく確認しながら演技指導を進めていった

　話し合い以降，二年生たちはさらに仲が良くなり，美香たちは素直に典子の指導を聞くようになっていた。典子は，あの話し合いを乗り越え，今まで以上の自信できっぱり言えるようになっていた。ただし，かつてのように良くない点を直接言い切るのではなく，評価できる点を指摘した後，優しい表情で伝え

2　自分たちで創り上げる文化

る努力ができるようになっていった。上級生も説得力のある指摘に「はい」と素直に従っていた。当然，演技の質が向上し，文化祭で感動の上演をし，その後，連合学芸会で地区2位という評価をもらうようになった。

それ以降，演劇部ではこういう演出が伝統的になっていった。このような，演技に関しての「だめだし」は中学生にはむずかしい。演技の質に関する評価をし，さらに別の表現方法などをアドバイスしていかねばならないからである。こういう関係が維持できるわけは，毎年起きる一・二年生のトラブルを，上級生が司会しながら，とことん話し合わせるという伝統が，あの話し合い以来，根付いたからかもしれない。相手を叩きのめすための話し合いではない。ひとりでも欠けると，照明や音響などのスタッフもいなくなってしまうという打算がないわけでもないだろう。「芝居が好きな仲間が，より仲良くなるための話し合い」というスタンスで先輩たちは後輩たちのトラブルを見守っている。

教師は何をしたか

「なぜ，あなたはそこにいるの？」「この人の気持ちはどういう気持ちなの？」と，「気持ち」にこだわった指導をしてきた。そこがわかると，後は表現技術の問題になるのだと思うが，演劇に関して素人で，細かい部分の指導はできなかった。しかし，登場人物の気持ちが生徒に理解できると，彼女らは，生き生きと表現するようになっていった。表現することの心地よさを感じ始めているようだった。そのことに自信を持ち始めると，教室での学校生活でも自信を持って，自分自身を語れるようになっていった。演劇の活動の質が高くなり，上演ごとに，多くの人に大きな感動を与えられるようになったという自信が部員たちの財産になっていった。当然，活動の質は人間関係の質に大きく関わっていたようでもあった。

活動内容の質は部活動や行事では重要な要素になってくる。たとえ人間関係が良くても，何かの技術を身につけることや試合に勝つことなどの充実感や達成感がなければ，本当の自信にはつながりにくい。特別活動では，自治的な活

動方法で行うことも重要であるが，同時にその活動を通して何を獲得させていくかという視点も重要であると考えられる。

4 「自分たちでやっていく」…目標達成に向けて人間関係を育てる

ソフトボール部・新チーム誕生

二年生の夏休み前，新チームができた。キャプテンには一年の時にもまとめ役をやっていた麻美が立候補した。お調子者ではあったが，明るいムードメーカーとして皆からも認められていた。副キャプテンにはまじめでひたむきな慶子がなった。二人の組み合わせはスタート当初には大変よかった。

練習試合では少しずつ勝てるようになっていった。キャプテンの麻美はピッチャー候補であったが，調子のよいときと悪いときの差がハッキリしていて登板は少なく，ベンチでスコアーを付けていることが多かった。慶子は元々は不器用な方だったが，まじめで熱心な練習の結果，ほとんど全てのポジションをこなせるようになり，スタメンに定着していった。

部活をやめたい

二年の2学期，新人戦の近づいてきたある日，副キャプテンの慶子が，顧問の私の所に相談があるとやってきた。彼女は開口一番，「部活をやめたい」と切り出した。聞いていくと，「練習の準備をする時や片付けの時，だらだらしていて仕事をしてくれない人が必ず何人かいるようになっている。それで私が，『ちゃんとやろうよ』と呼びかけると，麻美さんは『何しきってんだよ！（取り仕切る）』というようになってきたんです」ということだった。みんなには相談できないのかと聞くと，「簡単には言い出せない」という。この告白は驚いたが，「ソフトボールはまだ好き」ということを頼りに新人戦までがんばってみようと説得した。彼女からは「このことは自分でも考えてみるので先生は何もしないで」と念を押された。

キャプテン更迭

　数日後の部活動開始直前に「ミーティングをしたいんですが」と慶子たちがやってきた。麻美についてだった。慶子がその気持ちをみんなに告げ，部全体が動き始めていたのだった。その話し合いに私が参加した方がよいかどうか，彼女たちに聞いた。慶子たちは，自分たちだけで話してみたいというので，何のために話しあうのか真意を確認した。慶子たちは少し考えて「勝つためです。こんな気持ちでは試合ができません。気持ちを一つにするためです。」と言った。私が「麻美を切り捨てるためじゃないんだな」と念を押すと，彼女たちはうなずいた。練習を始める前，話し合いの結果を聞いた。麻美が素直に謝ったこと，準備の時などにだらだらしていた人たちも反省し，みんなで走って準備しようと決めたこと，そして，麻美はキャプテンを辞めることになったことなど，慶子は丁寧に説明してくれた。麻美の顔に涙の跡があった。彼女は背筋を伸ばして少しだけうつむいていた。

　数日後，新人戦の後のミーティングで，慶子が新キャプテンになった。

快進撃

　その後，地区大会で，彼女たちは優勝や準優勝を重ねていった。麻美も練習に遅れたりサボったりすることがなくなっていた。しかし，控えのピッチャーとして出番は少なく，ひたすらスコアーを付けていた。そんな麻美に対して，コーチは，「公認スコアラーの資格を取ってみないか」と持ちかけた。どちらかというと勉強が苦手な麻美だったが，マニュアルを必死に勉強して見事に合格した。目立つことが好きでお調子者の麻美に，誰にも負けない自信がつき始めていった。大人たちが参加する大きな大会の大会要項に名前が載り，スコアラーとしてお金をもらうこともあった。そして，彼女たちの最後の大会で，麻美は決勝戦で5回を無失点で抑え，勝利投手になった。大きな目的のために，すべての仲間を大切にした彼女たち全員の勝利の瞬間だった。

麻美を変えたもの

　麻美はもともと目立つことが好きだった。移動教室のバス内のレクリェーション係として，上手に司会し，自分でも歌を歌い，楽しい雰囲気をつくることができた。ところが，勉強は苦手で，いくつかの教科はあきらめてしまっていた。勉強に限らず，苦手なことややりたくないことは熱心に取り組むことができなかったのである。キャプテンになったときも，みんなをまとめる立場へのあこがれはあったが，地味な練習にどうしても集中できず，その結果，慶子たちのようには上達できなかった。そうなると悪循環で，試合で出番がないとおもしろくなくなり，練習にも頑張る気がしなくなり，どうせ上手くなれないと，あきらめ始めていったようだった。唯一，「キャプテンである自分」にしがみついていたが，慶子が実質的にキャプテンのような存在になってきたとき，慶子をいじめるようになってしまったのだった。

　慶子はこのことに尾を引かず，リーダーシップを取ることができた。いやな思いをしていると打ち明けたとき，支えてくれる仲間がいたことで，ミーティングで話し合う勇気が出てきたという。それで，今までの自分のやり方に自信を持ち，キャプテンになってからも同じようにがんばれることができたようだった。

　キャプテンを更迭されてから，麻美の人間関係が広がっていった。かつては，決まった人としかキャッチボールなどの練習をしなかったが，慶子を含め，誰とでも練習をするようになった。試合に出られなくても，まじめにスコアーをつける麻美は，仲間からも信用されるようになり，コーチにもかわいがられるようになっていった。公認スコアラーとなった彼女は，今までにない自信を持つようになっていった。そして，彼女たちの最後の大会で，決勝まで勝ち進んだとき，麻美が先発のピッチャーでいくことに反対する者はいなかった。

教師がしたこと

　前の項目では，「演技のダメだし」ができるようになった典子は，活動の質

の善し悪しを判断し，コントロールできるようになっていたと言えるだろう。これに対して，慶子たちは「人間関係のダメだし」ができるようになってきたと言えないだろうか。ちょうど，コーチが，優勝をめざして，練習の質の向上を中心に考えていたことに対して，顧問としての教師は，麻美も慶子もみんなが成長していく人間関係のことを中心に考えていた，ということに似ている。いじめに近かった人間関係を改善し，みんなの意欲が全面に出せるような関係に変えてきたわけである。そこで，教師が重視したのは「本音を言える関係」をつくることだった。そして，失敗をフォローできる関係の大切さを言い続けた。実は，一年の時に，ほとんどの部員が，買い食いなどのルール違反をしてしまい，かなり深く話し合わせたことがあった。その時から，話し合う習慣が始まっていた。そんな取り組みを重ねていって，なんでも話し合える，オープンな関係になってきていたようである。

　コーチとは，この件でもいろいろ話し合った。練習の質と人間関係は密接な関係を持っているからである。練習内容に関しては，それを指導する大人のコーチが付いていた。しかし，チームの人間関係は彼女たちが自分たちでつくっていったといえるだろう。「みんなで優勝しよう」という目標に向けて，技術を向上させ，人間関係をよりよくしていったのである。

　仲間やコーチから自分は支えられていると感じることで，思い切ったプレーやチャレンジができる。また，仲間を支えていると思えることで，人に役立つ自分を感じ，自尊感情が高まっていくようである。自治的な活動が定着している，支え合える仲間の中では，自分自身の行動に自信が持てるようになっていき，一人ひとりの自立も進んで行くと感じられるのである。

　人間関係をより強固にした上での「優勝」の経験は，彼女たちの自信をも育てることになった。慶子や麻美たちはクラスや学校行事のリーダーとして活躍するようになっていった。

【引用文献】

山岡雅博　「子どもたちの成長とともに」，日本生活教育連盟編，『生活教育』，1999年，612号，27－33頁

山岡雅博　「熱い仲間たち」，『子どもと生きる』11月号，東京民研編

山岡雅博　「ソフトボール部」，白井慎・西村誠・川口幸宏編著『新生活指導』学文社，2003年，117－182頁

3 参画型社会と特別活動

宮下　聡

1　子どもの権利の視点でとらえる特別活動

　学校教育法施行規則によれば，「中学校の教育課程は，必修教科，道徳，特別活動及び総合的な学習の時間によって編成するものとする（第3章中学校，第53条）」となっている。つまり，特別活動とは教科，道徳以外で，教育の一般目標を達成するための教育活動の総称ということになる。
　そして特別活動の目標について，学習指導要領は次のように示している。
　「望ましい集団活動を通して，心身の調和の取れた発達と個性の伸長を図り，集団や社会の一員としてよりよい生活を築こうとする自主的，実践的な態度を育てるとともに，人間としての生き方についての自覚を深め，自己を活かす能力を養う。」
　では，ここでいう「集団や社会の一員として」の「自主的実践的な態度」は，どのようにして子どもの中に培われるのだろうか。そのために学校は，子どもに対してどのような学習の場を提供することができるのだろうか。
　学習指導要領の示す「望ましい集団活動を通して」は，実践的には，次のように狭くとらえられがちである。つまり，おとなが子どもを訓育（社会人として必要な心がけ・習慣を身につけるように，児童・生徒を教育すること）しようとあらかじめ設計した計画に沿って実行させるという，まるであらかじめ用意されたシナリオ通りに子どもを動かす活動であると。確かに，会議の進め方など

のような事柄はおとなが教え込む必要があるかもしれない。しかし,「望ましい」活動を「市民として社会に参加し共に支え合いながらよりよく生きようとする」活動ととらえるならば,教え込む活動はそのごく一部に過ぎない。おとなの問題意識に沿って,おとなが設計し準備した活動を子どもに追体験させるだけではまったく不十分である。その子どもや集団が直面している課題を子どもが自分自身の問題としてとらえ,主体者として課題解決に挑んでいくという体験を保障することが必要だ。子どもは"未来の市民"としばしば言われるが,未来を待たずとも子ども時代の今だって立派な"市民"なのだから。

"市民"としての子どもが直面する課題は多様である。友人との人間関係,授業など学習への要求,学習生活環境としての学校・校舎,文化祭や体育祭などの学校行事,そして生活のきまりとしての"校則"。こうしたものをおとなの判断決定を待ち,おとなによって決められた結論に従うだけでなく,解決すべき自分の問題としてとらえ,不都合があれば意見を言ってはたらきかけ,周囲の仲間と共同して改善していくという主体的な体験を重ねることが必要だ。

学校という空間を子どもが家族以外の他者と協力共同してつくりあげる"地域社会"と考えれば,それを構成する市民として子どもが尊重されることは当然であり,学校づくりに子どもが意見を言って参加することも当然となる。こうした体験を通じて,子どもは学校や家庭の枠を超えた社会参加の力を身につけていくことになる。教科外の特別活動は,子どもが「平和的な国家および社会の形成者」となるための実践的な学びの場として位置づけられるべきである。

では,それはどのようにしてすすめられるのだろうか。私がかつて勤務したひとつの学校でとりくまれた経験をふり返りながら検証してみたい。

2　子どもが学校に参画する特別活動

"常識"を問い直す子どもとの出会い

「荒れた学校」,「学級崩壊」と教師であることがつらく悲しくなるような現

実が報道される中，私はこの学校で「教師ほどすてきな商売はない」と思えるような体験をすることができた。それは「問題」を起こさない，素直に指示に従う子どもたちがいたからではない。むしろ指示に従わない大変な子どもたちとの出会いがあった。そして，子どもたちとのかかわりを通して学校の教育のあり方や指導のあり方が変わり，それとともに私自身の子どもの見方も変わってきたからである。この学校では子どもに失敗させないようにと管理し行動を規制していくのでなく，自由を拡大し，子どもたちに自己表現することと自己決定自己責任を求めていくやり方をとってきた。確かに私たちの学校はきちんとしてはいないが，「荒れ」てもいない。教師との間にも話のできる関係ができている。そこにはどんなとりくみがあり，変化があったのだろうか。

"モグラたたき"と"イタチごっこ"の指導

　私がこの学校に赴任してきたとき，当時の3年生は「成績優秀」で「力のある」生徒や人なつっこい子どもたちも見られる一方で，学校や教師に対して一定の距離をおき冷めた目で見ているような雰囲気も感じられた。朝，「おはよう」と声をかけると「何言っているんだ」とでもいうような冷たい視線を返され，寂しい思いをかみしめる日々。イライラやストレスをため込んだ子どもたちが，破壊行為や，非常ベルを鳴らす，スプレーでラク書き……などの方法で発散しているようにも見受けられた。直接的な対教師暴力はなかったものの，教師の持ち物がいたずらされたり車に傷がつけられたりすることもあった。

　問題行動が起きるたびに呼んで説諭，そしてまた問題が起きる。この繰り返しの中で子どもの心はすさみ，教師も疲れ，子どもとの人間関係はどんどん悪くなっていく……。学校や地域での子どもの「問題行動」にどう対応するか，未然に防ぐためにどう取り締まりをすすめるかが生活指導部会議のテーマだった。

　しかし私が所属することになった学年の新入生は，さらに輪をかけた子どもたちで，あの3年生でさえも舌を巻き「将来を憂う」状況だった。入学式の日から落ち着きのない集団で，子どもたちの中のまともな主張が通らない。チャ

イムが鳴っても中に入らない，忘れ物は多く，やるべきことはしない。そして，やってはいけないこと，起きるはずのないことが次々に起きる。モグラたたきとイタチごっこ，指導しても指導しても問題はくりかえされ，問題の質も子どもとの人間関係も悪くなる一方という，先の思いやられるスタートだった。いじめ・人権侵害など放置できない問題も続き，この事態をどう打開していったらいいか頭を抱えてしまった。

次々に起きる事件，問題行動に対して強く出ればその子との人間関係が悪くなり，ますます話が通じなくなる。しかし，あいまいな態度をとれば，被害を受けた子やそれを見ている子たちから頼りにならない教師とそっぽを向かれる。一般の生徒に協力を呼びかけてものってこない。それは現実を直視すればするほどつらくなる毎日だった。

あるがままの姿を受け入れることから

結局私たちが行きついた結論は，まず子どもの思い（その子の「常識」「考え」「感じ方」）を受けとめることから始めるしかないということだった。それは「聞いて分かってあげてそれでおしまい」とか「聞いて実現してあげる」ということではない。子どもとの対話による指導関係を結ぶスタートとしてどうしても必要なステップだったということである。しかも指導という名のもとに，「○○しなさい」「○○してはいけない」を子どもに要求し納得させ従わせるのではなく，問題をその子に返し，まず「どうしたいか」「どうしたらいいか」をその子自身に考え決めさせることに重点をおいてすすめた。

たとえ自分勝手な言い分であっても徹底して聞き役に回った。最初はなかなか話してもらえなかったが，子どもは一度話を聞いてもらえるという信頼を得ると，驚くほどいろんな話をしてくれるようになっていった。そうなると，脅したり強制したりしなくてもこちらの言い分をとりあえず聞いて受けとめてくれるようになる。それは，こちらが一方的に言い分をいっているときには考えられなかったことだった。かつて，必死になっていた頃の自分の対応が「言ったつもりと聞いたフリ」というすれ違いの関係になっていたことにも気づいた。

子どもを未熟だからといって教師より一段低い位置にいる「導く」対象として見ていると，子どもの言い分は自分勝手やわがままに思えてしまう。しかし，その子を今という人生の瞬間を精一杯生きている一人の人間としてとらえると健気でいとおしい姿に見えてくるから不思議だ。また，こちらがそういう目で見ていると，子どもも次第に警戒心を解いた表情で向き合ってくれるようになっていくものである。

　今思えば，問題行動が連続する学校状況に対して「自由を制限し監視と管理を強める」方向で困難をのりきろうとしてきたこれまでの「常識」を抜け出し，子どもたちに選択の自由を拡大する中でその子自身が問題を自分のものとして受けとめられるように明らかにしつつ，自己選択，自己決定，自己責任を迫るというやり方へ転換する大きな分岐点だった。それはおとながイメージする「あるべき姿」のワクの中に子どもをあてはめようとする指導のすすめ方から，まず子どもの「あるがままの姿を受け入れる」ことから始める指導への転換であり，「もう打つ手がない」と思われた「崖っぷちの状況」の中で，子どもたちの案内によってたどり着いた結論だった。いま，子どもを教師の敷いた路線からはずさないようにと監視しコントロールするのでなく，子どもが自分で考え，失敗・逸脱することも含めて待つ姿勢をもってかかわっていくと，子どもはちゃんと自分で学び考えるようになっていくものだとつくづく感じている。

　この発想は，「事件対応」のみならず学校づくりにも影響を与えた。

「あきらめ・しらけ・経験不足」の克服が課題
不都合なきまりは破るしかないのか

　私がこの学校に着任した1994年は，子どもの権利条約がわが国の国会で批准され「子どもの権利条約の内容を守ります」という約束が国の内外に宣言された年だった。しかし，前述したように，私たちの学校（学年）では健康で安全に生活するという人間としての最低限の権利もおぼつかない状況。「何とかしてこの状況を変えよう」と呼びかけても子どもたちは動かない。子どもたち

の中にあったのは,「やれば変えられる」「こうやればできた」という体験でなく,逆に「きまりがあって押し切ってしまえば破ったもん勝ち」という体験だったように思われた。生徒会活動は活力を失っており生徒会の活性化が現状を切りひらくカギであることは明らかだった。しかし,どうやって生徒会を活性化させたらいいのか。その答えは「子どもの権利条約」にあった。「子どものことは子どもに聞け」である。今の生徒会が子どもにとって必要な組織なのか,活動が魅力ある仕事になっているのか,多くの子どもたちの願いを実現するためにとりくむ「やりたい仕事」ではなく先生のいうとおりに動く「やらなくてはいけない仕事」になってはいないか……,「○○で当然」という私たちの側の思いこみをはずして子どもはどう感じているか,子どもにとってはどうか,と考える。この視点は前述の「あるがままの姿を受け入れることから始め」ようとする立場と重なるものだった。

　私たちは,それまで行われていた生徒会役員選挙の際に生徒が学校に対する要望を出し合い,そこで出された要望をもとに候補者が政策を持って立候補できるようにしてはどうかと考えた。執行部に話を持ちかけると了解が得られ実施の運びとなった。この会は「意見交換会」と呼ばれクラスの代表○名などという規制も強制もせず,全くの自由参加で行うことにした。当日は約50名の生徒が参加し,服装や身なりにかかわること,学校のきまりにかかわること,予算の裏づけが必要なこと など多岐にわたって30近くの要望が出された。さらに,要望実現に向けてとりくむこと,意見交換会をこれからも開いてほしいことなどが確認された。

　当時の執行部はこの多くの意見の中から文化祭でバンドをやりたい,昼休みに遊び場として体育館開放をしてほしい,夏服としてポロシャツの着用を認めてほしいの三つを当面の要求とすることにした。当面,3年生最後の課題として間近に迫っている文化祭での「バンド」実現を求めたが,そのときの3年生の生活実態から混乱が予想されるとのことで職員会議で否決された。

生徒総会で出された学校を変える発案

　それを引き継いだ次期執行部は新年度の生徒総会で「体育館開放」にとりくむことを原案として出したが，学級討議の中で一般生徒からは「ポロシャツ」要求も強く出された。生徒会長の発案で「ポロシャツ」については「ポロシャツ着ちゃおう委員会」をつくってとりくむこととなり，「体育館開放」と「ポロシャツ」実現に向けて生徒会がとりくむことが生徒総会の決定としてなされた。学校のきまりを変える，大げさに言えば学校を変えようとする意志決定が生徒総会の場でされたということである。それまでは生徒総会の場で出される意見のうち，学校の決定にかかわる問題は「それは私たち生徒だけでは決められないことです」と回答を避けられてきたことを思うと，画期的なできごとであった。この「ポロシャツ着ちゃおう委員会」は生徒会の特別委員会として設置され，生徒会本部の他，呼びかけに賛同する自由意志にもとづく有志の参加者（私たちは「この指とまれ方式」と呼んでいる）で構成されることになった。

　昼休みの体育館開放を求める運動は全校の9割以上の署名を集め，9月から使用が認められることになった。また，文化祭でのバンド演奏はこの年の文化祭の後日祭（昼間に行う後夜祭なのでこう呼んでいた）で実現した。そのときは職員バンドもステージデビュー（その後ショック・イン・バンドと名づけられ3年生を送る会にも出演）した。子どもたちは自ら意見表明し，その手続を踏む中で，「きちんと意見を言ってとりくめば不都合は変えられる」という，生徒が学校づくりに参加する流れをつくり始めた。

　子どもが意見を言ってとりくんで学校を変えるという体験が成功した背景には，意見表明のチャンスが与えられたとき水を得た魚のようにいきいきとしてとりくんだ子どもたちと，それを全面的に支援した校長をはじめとする教職員集団があった。

ムリと思っていた服装だって変えられた
「ポロシャツ着ちゃおう委員会」の活動

　もう一つの課題，夏服としてポロシャツ許可を求める「ポロシャツ着ちゃおう委員会」の活動は活発にすすめられた。市内S中学校へのポロシャツ調査団，ポロシャツ意見交換会，学級討議などの活動を行うとともに，生徒会執行部は前年の「生徒会意見交換会」で出されたさまざまな服装要求の切実さを確かめるためにアンケート調査を実施。この調査結果の集約は大変膨大なものだったが，当時の執行部はそれをやり切った。

　そして，アンケート調査結果をもとに「要望書」を作成。ここで大きな論点となったのは，「色を白だけにするか，他の色や柄まで認めるか」「ポロシャツをズボンやスカートの上にだしてもいいか」という2点だった。討論の結果，「試行」ということで「色・柄・着こなしは自由」ということを求めることになった。これは職員会議でも大きな議論となり，試行で色・柄・着方自由となれば本実施でも全部自由にしなければならないという主張と，試行なんだからやってみてどんな問題があるか調べればいい，はじめから限定すると試行の意味が薄れるなどの主張がぶつかった。結局，「どんな結果になるかやってみよう，ダメなら途中であっても中止して元に戻せばいい」という点で一致し，色・柄・着方自由の条件での試行実施となったのである。このとき多くの生徒は色・柄まで自由になるとは思わなかったようだった。

　試行に入るにあたってさまざまな議論はあったものの，実際にやってみると危惧された問題は起きないばかりか，私の場合，当初子どもたちが着用するカラフルなポロシャツに感じた違和感が，次第にその子らしさを楽しむ感覚に変わっていくという不思議な体験をすることができた。

　試行が認められたあとも，何度か話し合いとアンケートを実施し，後日あらためて本実施の要望を中央委員会で決議し要望書を提出。ただし，この時には「色・柄・着こなし」については意見が分かれたため，生徒会としての結論を出さないままの要望書提出となった。

このとりくみは中心となった執行部関係者のみならず一般の生徒にとっても，意見表明・要望提出・署名・決議などの権利行使の方法を学び，また，運動によって要求が実現することを知るという点で大きな収穫だった。考えてみれば，これはたとえば「街灯を付けてほしい」と求める行政に対する市民運動と同じ手法であった。

　そもそもの要求は，「暑いから…」ということであって，色・柄等の自由は視野にあったわけではなかった。しかし，色・柄自由で試行を行った結果，「あまり問題もなかった」「けっこう楽しかった」という経験もして，その後の「服装論議」の幅も広がった。二年後に「自分たちで服装を決められる自由服期間を設けて」という要望が出され，実現されていく素地はここに生まれたといえる。

生徒会が学校づくりに参加する

　こうしたとりくみは次期執行部にも引き継がれた。「輝けN中，広がれ自由」のスローガンのもと，活動方針の柱のひとつに「自由の拡大」を掲げた。しかし，この期の執行部は校則問題よりも行事の創造の方に力を発揮。それは新入生説明会や3年生を送る会のようないわゆる生徒会行事だけでなく，体育祭という学校行事にも企画の段階から独自の生徒アンケートを実施し，要望をまとめ学校側に提出するなど画期的な活動をしたのである。生徒会活動には，"学校行事の下請け"的なものから始まって，ユニセフ募金のような社会活動を自主的に行うもの，さらに校則の規制を変えるという生徒の生活要求実現のとりくみまでさまざまある。しかし，文化祭や体育祭に生徒案を提出したり，授業に対する要望をまとめたりする活動だってあっていいはずだ。こうした動きは，当初予期したものではなかったが，前年度からの校則問題を中心とした生徒会活動で身につけてきた意見表明，権利行使の力を十分に発揮したものといえる。

　ポロシャツが夏服として正式に認められた96年度からは，「ポロ着ちゃ委員会」が発展改称し「校則改正委員会」が発足した。必ずしも十分な活動に発展しきれていないながらも，アンケートを実施したり「休み時間にも水筒の中身

を飲ましてほしい」「セーター登校を認めてほしい」という要望をあげるなど，校則問題はこの委員会で扱う，「要望があれば表明する」というスタイルは定着してきていた。また，96年度からは，生徒総会を前後期の2回行うことにしたが，生徒総会の場で自由にさまざまな意見表明をするというスタイルもそのころ定着した。また，そこで出された要望の多くが施設設備など教育行政にかかわるものが多いことから，96年度は生徒会本部の生徒が直接，市教育委員会に要望の一覧を提出することもできた。

　学校の問題を一緒に考え，改善に向けて生徒の立場から意見を言い一緒にとりくむ，生徒会は先生や学校に対してもしっかりと意見を言うことを知り，「停滞」状態は過去のものとなり始めていた。こうしたとりくみにかかわった子どもたちは，体験を通して「民主的な手続を経てものごとを変えることができる」ということを学んでいった。こうして，生徒総会や専門委員会が生徒の要望を話し合う場となっていく中，その後意見交換会は開催されなくなった。

　学校側のとりくみとしても，「生徒心得」を「生活のきまり」と改めるとともに，「このきまりに不都合が生じたときは，生徒会，ＰＴＡ，学校のいずれかが発議し協議の上，職員会議の承認を経て改正される」という校則改正規定も明記されることになった。このことによって「校則」は，子どもたちにとって「守るか破るか」から「守るか変えるか」へと規則上も性格を変えることになったのである。

自由があるからこそ責任が学べる
「自由の拡大」は「何でもあり」状態を生むのか

　「不都合があれば意見を言ってとりくんで変える」，このことは生徒会の活動としてはかなり定着してきた。「自由の拡大」というスローガンのもと，生徒の学校に対する要望は毎年出されるようになってきた。しかし，生徒一人ひとりのレベルで考えると，誰もが「意見を言って変える」という姿勢になっていたわけではない。きまりとして決まっていながらまったく意識していない生徒，

平気で破る生徒（おとな社会と同様の姿）が学校の中で見られていた。たとえば昼食時のジュース類の空きパック。これはパック飲料を認めたときの「空きパックは必ず持ち帰る」という約束に対する違反である。雨の日だけとされているはずのトランプ遊びが晴れの日も行われているという実態もある。そして，「校庭保護のためにグラウンドを横断しない」というきまりも，きちんと「不都合」として意見表明されないまま公然と破られていた。「校庭横断した方が昇降口に近いのに」「晴れでグラウンドが乾いているときは横断しても痛まないのに」などの声は不満としては出されていたが，改善要求として出されないまま雨でグラウンド状態が悪くても平気で横断する生徒が次第に増え，注意すると端を通るが見ていないと平気で真ん中を通るというイタチごっこのような状態になっていた。中にはそばに駆けつけるまでは平気で歩く者さえいた。

どう指導し取り締まるかが，担当者会議や職員会議の議題となった。しかし，訴えても訴えても事態は改善されない。もちろん生徒会本部を始め，校則改正委員会や美化委員会，体育委員会もポスターを貼り出すなどして訴え，調査やパックの回収なども行ったが。やがて，校庭横断の違反者は約半数の生徒にのぼるようになり，雨の日の校庭横断のおかげで昇降口は泥だらけとなり校舎内も汚れるようになってきた。

私たちは，この事態を取り締まりによってのりきるのでなく，子どもたちが自由や自己決定には責任が伴うことを学ぶチャンスとしてとらえたいと考えた。

自由と責任を学ぶために自由を奪う

私たちは「見張る」ことで校庭横断をやめさせるのでなく，「このままの状態が続くならば，グラウンド保護のために校庭横断の原因となっている通用門としての南門をいったん閉鎖することを考えている」と，再三生徒に示し自分たちの問題として考えることを求めることにした。しかし事態は改善されず，とうとう南門閉鎖に踏み切ることになった。3年生としては卒業を一ヶ月後に控えた2月末のことだった。「私たちは校庭横断していないのに」「オレの家は南門の前なのに遠回りするなんて」……，自由拡大がすすむ雰囲気の中，「閉

鎖はしないだろう」という思惑があったのか，この決定には生徒の中から不満も含めてさまざまな意見が出された。ＰＴＡの委員会でも「やりすぎ」「先生が立てばすむこと」なども声も聞かれた。

　私たちの予想通り，南門を閉鎖しても一部の生徒は門を乗り越えて校庭に入った。しかし，南門を利用していた大多数の生徒は閉鎖によって大変な不便を被ることになった。この措置は，子どもたちの中に不満としては広がったが，「あけてほしい」という要求や運動としては盛り上がらない。3年生は受験の重要な山場だったし，2年生，1年生はまだ「意見を言って取り組んで学校を変える」という大きな体験をしていない。不満は言うけれど要求としてはたらきかけるところまではいかなかったのだ。

　そして3月。「3年生を送る会」が終わったとき，S君をはじめとする3年生の校則改正委員が会場に残った。「話したいことがあるので1，2年生の学級委員を残してほしい」と言うのだ。彼らが1，2年の学級委員たちに示したのは「南門を開けてください。僕たちは校庭横断をしません」と題された署名用紙だった。提案者は「南門を開けてもらう署名運動をすすめる会」。正規の委員会が開けない中，3年生有志の提案による署名運動の呼びかけだった。「僕たちの問題として南門を閉められたまま何もせずに卒業していくことはできない。きちんと意志を示そう。クラスで署名を集めて僕たちのところへ持ってきてください」という訴え。卒業式はもう数日後に迫っていた。

　署名は，翌日には全校15クラス中11クラス分がS君たちの元へ届けられ，それが校長に届けられた。クラスの生徒全員が署名したわけではないし，抜け落ちているクラスもあった。しかし，「不満を言ってきまりを破っているだけでなくきちんと意見表明して行動しよう。ムリかもしれないけれどそうしなければ事態はかわらない」，S君たち3年生はこのことを在校生への最後のメッセージにしたのだと感じた。「ポロシャツ着ちゃおう」によって，「変えられっこないと思っていた服装だって変えられた」という体験を持つ最後の生徒たちだった。私たちはその思いに応えてあげたいと考えた。そして，卒業式当日だ

け南門は開くことになった。閉鎖から一ヶ月がたっていた。

バージョンアップして南門の再開放へ

　卒業生が去って，南門はまた閉じられた。しかし，「南門を開けてください」は大きな要求として出されるようになった。

　南門の開放はグラウンドの保護とセットにして考えられなければならない。校庭横断する生徒をどうするか。先生がとりしまるという方法でいいのか……？子どもたちに問題を返しつつ反応を待った。職員の中でも「南門を開けてもいいんじゃないか」という声が聞かれるようになり始めていた。

　「南門開放は校庭横断とセットで考えないと解決しない」，これは多くの子どもたちの意識としても広がっていた。9月のある日，教職員の担当者と生徒会代表との間で「南門懇談会」がもたれた。テーマは「南門開放に伴うグラウンドの保護の問題をどうするか」だった。「雨の日やグラウンドがぬかるんでいるときはまずいけど，天気のいい日なら横断しても大丈夫じゃないか」「部活でグラウンドを使っているときは危なくないように避けるよ」「グラウンドは乾いているし，誰も使っていないときも横断禁止なのはみんなも納得できないと思います。朝礼の時は全員校庭に出るのに」。子どもたちの意見にはたしかにもっともと思える部分があった。

　ではどうするか。校庭を横断していいかどうかを誰が判断してどうやってみんなに伝えるか。「先生が立って注意すればいい」「職員室に横断禁止とかの旗を掲げる」「南門の近くの生徒にボランティアの『南門担当者』を引き受けてもらい，判断しにくいときは門に通行可，不可の表示を出す」……。会議は3回にわたった。結局結論は「校庭横断をしてもよい。ただし雨の日やグラウンド状態が悪いときは，各自判断して校庭の端を通る」というものだった。「各自に任せたらダメだからこんな問題になったんじゃないか」「守らなかったらどうするんだ」という意見もあったが，Kさんのこの言葉で決まった。「これまでとりくんできたんだからきっとみんな考えてくれるよ。もしダメだったら訴えよう。聞いてくれなかったら別の方法を考えよう。だって結局は一人ひと

りが自分で考えて決めることなんだから……」。

　今回も一週間の試行期間を設けることにした。うまい具合に雨の日もあったが，グラウンド状態が悪いときの校庭横断はゼロ。10月の朝礼で台に立った生活指導主任の「今日この後から南門を開けます」の声に歓声が上がった。その後南門は閉じられていない。子どもたちは，禁止されたり管理されるだけではなかなか自分たちの問題として受けとめ，考えるようにはならない。自分たちの問題として見えるように問題が突きつけられ，どうするか解決が迫られたときに，問題を深く考え主体者として選択し結論を出すものだということを改めて学んだ。今回の南門開放は，単に元に戻ったというだけではなく「常に端を通る」から「自分で考えて端を通る」へとレベルアップしての再スタートになった。

　そのあと，グラウンド整備をしているサッカー部や野球部の子どもたちの中から「オレたちが整備したばかりのグラウンドが，すぐにたくさんの人の靴で荒らされてしまうのがつらい」との声もあがり始めた。グラウンド問題は，そこを使う子どもたち自身の問題として，今後新しい展開を見せる可能性を示している。

子どもの提案が学校を変える，学校を作る
服装を自由に！子どもたちの大胆な提案

　意見を言ってとりくめば学校は変えられる。この体験をした子どもたちからはさまざまな改善要望が出されるようになってきた。特に服装については，靴下の色，セーター登校，トレーナー，パーカー……，と広がっていった。「Vネックのセーターだけでなく丸首セーターも認めてほしい」という要望に対してOKを出したまではよかったのだが，トレーナーは？パーカーは？ズボンの色が違っても，登校時ブレザーは着なくても……となってくると，一つひとつについて「もっともだ」と変えていけば，標準服の原形をとどめなくなってしまい，「標準服って何なのか」ということになってしまうことが分かってきた。

そこで私たちは子どもたちに,「一つひとつの服装要望に対してこれはいいとかダメとか答えるのでなく,標準服って何なのかという根本問題について考えていくことにしよう」と回答することにした。しかし,実際は生徒会では議論されたものの学校全体として議論をすすめることはできなかった。

97年秋,校則改正委員長から新しい要望が出された。それは「標準服そのものについて考えるというのなら,文化祭期間中を自由服試行期間にして親や地域の人にも見てもらって考えよう」というものだった。気持ちは分かるが,文化祭まで一週間あまりという期間ではとても準備をすることは困難だ。そこで,「申し出は誠実に受けとめた。文化祭はムリだが必ずきちんとした回答を出す」と答え,11月の末に一週間の自由服試行期間を実施することにした。

自由服試行で見えてきた「教育の成果」

「服装の乱れは心の乱れ」,ポロシャツ程度ならともかく標準服のワクを取り払って全く自由にするなんて生活の乱れが広がったらどうしよう。特に3年生は進路決定の重要なときを控えているのに……。教職員の中にもまったく不安がなかったわけではない。でも,「いいと思うことはやってみよう。やってダメなら元に戻せばいい」当時よく言われていたこの言葉で,とにかくまず試行してみようということになった。

「これを着ることになっている」と学校で決められていた服装の縛りがはずれ,子ども本人や家庭で自由に考え判断し決めることになったとき,いったいどんな服を選ぶのだろうか。また,私たち教師は子どもの選んできた服に対して「標準服」という基準がはずされたとき何を基準にどう指導するのだろうか。生徒の投げかけた要望はさまざまな新しい課題を私たちに突きつけることになった。この自由服試行については親の受け止め方もさまざまだった。

実施する前でも
――「試行」は今まであたりまえのことと思っていたことをあらためて考え直してみるきっかけとしておもしろいなと思います。でも,「自由に話すこと,考えることが難しいといわれる学校（朝日新聞11/6夕刊）」の中でこのよう

な一石を投じてくれる中学校に子どもが通っていることを誇りに思います。
と,とりくみを歓迎する意見があった一方で,
——次々に生徒から出される要望を安直に試行することに疑問を感じます。社会には様々なルールがあり,それを守ることが社会秩序を保つためには必要とされています。保護者や教師の仕事は子どもたちを社会の一員として導いていくこと。自分の都合に悪いからと理屈をつけてルールを変えることを教えることよりルールを守ることの大切さを認識してほしいと考えます。
のように厳しい意見も届いた。

実際に自由服試行期間（標準服も含めて自分で通学服を選ぶ）を実施してみると,子どもの私服着用率について学年ごとの特徴があることが分かった。ある日の私服着用率を調べてみると,1年生75％,2年生44％,そして3年生が20％。この3年生は「ポロシャツ着ちゃおう」のとりくみで大きく盛り上がった経験を持っている子どもたちである。標準服を通した生徒の「理由」が「選ぶのがめんどくさいから」であったことが象徴的だった。学年がすすむにつれて選ぶのが面倒といって決めてもらうことを求めるようになってくる（しかし,やらされることにも嫌悪し,注意されることでイライラをつのらせる）……。学年が進むに従って考え選ぶことを面倒に感じるようになる現象に対して,これを私たちがとりくんだ「教育の成果」と自嘲気味に評した人もいたほどである。

実施後寄せられた意見はさらにさまざまだった。しかし,自由服のとりくみの中で親子の対話がすすんだところとそうでないところの違いもはっきりあらわれた。学校がワクをとりはらってしまうと,子どもの言うことを何でも受け入れざるを得なくなったり,「そういうもんだ」という親の価値観に子どもを従わせるだけで終わらせてしまう家庭も見られた。「服装より授業の成立が先。服装なんて論外」「寝た子を起こすようなことはするな」という意見があったかと思うと,「寝てなんていない。寝たふりしているだけだ。その間に寝たきりになってしまう」という意見も返ってきた。

こうした意見交換は「いきいきN中」という生活指導部発行の通信を通してなされた。「いきいきN中」は，子どもの様子を知らせるとともに家庭から寄せられた意見を掲載することで，ふだん意見交換できない親相互の意見交換の場としての役割を果たしたいとの思いで発行されていた。

ＰＴＡとも共同して

また，ＰＴＡも「ポロシャツ」の問題に大きくかかわった。学校とともに「親の意見交換会」をもち，そこから「ＰＴＡ校則見直し委員会（仮称）」を誕生させ，やがて「ＰＴＡ校則を考える会」へと名前を変えて活動を発展させた。
「ＰＴＡ校則を考える会」は，最初のポロシャツ試行を終えたあとも子どもと保護者の考えの違いや保護者やおとなが求める中学生らしさとは何かを話し合ったり，自由服が実施されている他市の公立中学校を訪問したりと精力的な活動を行った。しかし，学校側から服装見直しについての方向性が出ていない中でＰＴＡが先走ることは適当でないとの考えから，「学校（生徒・教師）の動きに半歩下がったところでの活動をしながら学校を応援していきたい（会代表のＹさん）」という配慮をしながらのとりくみとなるなど，ＰＴＡが学校のサポーターという立場をこえたとりくみができにくい難しさを感じさせられた。

定期的に開かれる「校則を考える会」には学校側からも教職員が参加した。話し合いの切り口は「校則」や「服装」だったが，話の内容は子どもをどうとらえるか，学校に求められるのは何かといった「本質論議」となった。それは私たち教職員にとって決して耳あたりのよい中身ばかりではなく，痛いところをつく話にもなった。しかし，出席した教職員は率直に学校のおかれている状況を語った。校則を考える会といいながら，校則を切り口に話をしていくうちに，父母と教職員が双方向で本音の意見を交わす学校と教育を考える会のような充実した会になっていった。

会はその後，生徒会校則改正委員会とともに「おとなと子どものフリートーク」を実施したり，文化祭で服装問題についての展示をするなどの活動をすす

めていったが，一般会員から会の意義や活動について疑問の声が出されるようになった。発会当時の関係者の思いを引き継ごうとする努力にもかかわらず課題を残したまま，「N中の校則」というまとめの冊子を発行して活動を停止した。

「服装問題検討委員会」と公開討論会

　こうしてとりくまれた「服装問題」は，自由服試行期間を設けて3年目に入っていった。当初は「通学服に適した服装を考える」として始めた「試行」だったが，「考える」大きなとりくみには発展させきれずにいた。やってみると自由服期間実施に伴って心配された「とんでもない服」は見られず，子どもたちの間にも歓迎する受け止め方が多く見られた。しかし，これからどうするかについて議論をしようとしても，「本来どうあるべきか」という根本論議にはなかなか発展しない。「制服」に賛成する人は，「制服が中学生らしい」「自分は制服が好き」「うちの子は制服をいやがっていない」「地域の中学校の生徒としてのシンボル」と言い，自由服を求める人は「本来自分で決めるべきで服装を画一的に決めるのは人権侵害」「女の子だからといってスカートを強制されるのはおかしい」「うちの子も私も制服がキライ」「一人ひとりが決めるべきこととみんな同じでなくてはいけないことを分けて」と主張した。

　自由服着用の期間そのものは，気候の変わり目に設定されたため，寒暖にあわせて服が選べるとのことで概ね好意的に受けとめられたが，一方ではこれが服装自由化へのワンステップとして位置づいているのではないかとの誤解も受けていた。また，「服装を考える論議」は相変わらず個々の主張が出されるにとどまり，それぞれの主張についてつっこんだ検討がされるところまでは至らなかった。話し合いが常に親同士，生徒同士，教職員同士という限定された中で行われ，そこに数名の教職員が入って間をつなぐのにとどまっていたというのも意見交換発展の妨げになっていたと思われる。

　そこで99年度，生徒PTA，学校代表による「服装問題検討委員会」を発

足させて来年度の方向を探ることになった。委員選出は各団体に一任し6名ずつ選んでもらい，生徒会だけは都合で7名の選出となった。この検討委員会は検討過程で地域や小学校にも開いた「服装問題公開討論会」を呼びかけた。服装問題は個々で初めておとなと子ども，教師が一緒になった場でオープン討論の機会を得ることになった。

「自由服賛成をいう生徒が今日標準服を着ているのはなぜか」という問いに「着てくるのは自由だと考えていて，標準服も自由服の範囲であると考えている。自分で選んだのがたまたま標準服であっただけ」と答えたり，「高校に行ったらもっと厳しくなるから苦労すると思う」という意見に「そういう方針だと知ってその高校を選んでいる。私は地域の学校だからここに入学した」など，かみ合う論議がいくつも見られた。結論は出なかったものの，他にもさまざまな意見が出され討論会は中身の濃いものとなった。

その後開かれた検討委員会では自由服か「制服」かについてそれぞれの主張をまとめて提出するのが精一杯で，一つのまとまった答申を出すには至らなかった。

この数年間にわたる服装のとりくみを通して多くの子どもと教職員は"自由服"を望むようになった。しかし学校としては，「標準服とは何か」という根本論議をやり直すことと，「自由服期間は設けない」ことが結論としてまとめられ，服装問題はいったん収束することになった。

困難な状況を抜け出して

この学校は最初にふれたような「困難」な状況を抜け出し，「おはよう」の挨拶がふつうに交わされる学校となった。学年がすすむにつれて子どもたちとの関係もよくなり，文化祭などではかつての「やらなきゃいけないの？」という不満が，今では「やりたい」「こうしよう」という要求になって実現されるようになってきている。「フツーの学校みたいになっちゃったね」と評する父母もいる。非常勤の講師の先生からは「ここの子は明るく人なつっこくて子ど

もっぽい」と，喜んでいいのかどうか分からない評価をいただくこともある。しかし，私はそれを，のびのびと子ども時代を送ることのできる学校である，という意味のほめ言葉として受けとめている。しかし，今，こうしたとりくみによって子どもと関係ができ深刻な「事件」が減る中で，新しい父母や，教職員からは「もっときちんと」「きびしい指導を」などの言葉が聞かれるようになってきた。「あるべき姿」というおとながつくった枠に子どもをはめ込もうとする動きである。こうした特別活動の質にかかわる問題ばかりでなく量にかかわる問題も生まれている。学習指導要領にもとづく授業時数を確保するため，行事や生徒会活動にかける時間が確保しにくくなる中，行事そのものを削減縮小したり，子どもの自主企画をなくしていくという傾向が出てきている。こうした教育をめぐるさまざまな条件と，人の入れ替わりの中であらたな合意づくりが課題として現れている。

3　子どもの権利としての特別活動

甘やかすことと甘えさせること

　子育てや教育をめぐって，自由と責任をどう教えるのかの問題がしばしば論じられる。自由服のとりくみをしたときに，「子どもに決めさせるなんて甘やかすのもいい加減にして」とか，「子どもに決めさせるのは学校としての指導放棄ではないか」「自由を与えるならば決められたことを守る責任を教えてから」などの意見が学校の内外から多く寄せられた。だが本当にそうだろうか。

　甘やかすというのは，子どもの自立に必要な体験をおとなが自分の都合で横取りしてしまい子どもに体験させないこと。衣服の着脱など，失敗を重ねながら子どもはその技術を次第に自分のものとしていく。技術的に未熟な子どもだから時間も手間もかかってあたりまえのことだ。しかし，その時間と手間こそが子どもの自立に必要である。思春期の自立課題である自己決定，自己責任，他者との共感・共同という課題も最初からできるものではない。子どもが失敗

を重ねながら体験を通して獲得していく技術ではないか。人は自分で考え決めたことならば、責任を負おうとする。しかし、誰かの判断でやらされたことまで責任を負わされることには納得しない。子どもだって同じだ。自分なりに考え決めたことの結果を自分の問題として受けとめたならその後始末をすることには誰だって同意できる、あとは適切な支援さえあればいい。そうすればしっかりと責任を取り、失敗を自らの学習体験として蓄積して次の挑戦に向かうことができるはずだ。子どもに失敗させないようにおとなが安全な道を指示しその通りに行動させる。確かにそうすれば失敗も少ないだろう。しかしこれでは、子どもは自分で考え行動するという自立のステップを踏むことはできず、いつまでたっても指示待ち状態を脱却することができない。そして、自分で考え決めたことではないので結果責任を引き受けることもできないし、それを失敗を学習体験として蓄積することもできない。だから、責任をとるということはおとなにとっては義務であったとしても子どもにとってはそうではない。権利なのである。

　自分の頭で考え決定しやってみて責任も負う体験をさせる、これが「甘やかさない」ことだ。しかし、それは発達途上の子どもにとっては不安が伴うつらく厳しい試練である。だから、どうしても、不安を乗りこえて挑戦し自立の道を歩むためには、失敗してもそれを受け入れる環境と支えになる人が必要だ。これは、おとなの都合でとられる自立に有害な措置を「甘やかす」というのに対して、自立に向かう子どもの必要に応じる措置を「甘えさせる」といって区別して使う必要がある。

「参加」の中身を問う（「参画のはしご」）

　「学校の主人公は子ども」というこの言葉を否定する人はほとんどいないだろう。子どもが学校に参加することを否定する人もいない。しかし、子どもが主人公とはどういうことか、参加するとはどういうことか、と問えばその答えはさまざまになる。

ロジャー・ハートは，子どもの参加の意味を「参画のはしご」として次のような8段階に分類した[1]。

---

①あやつり参画→②お飾り参画→③形式的参画→④与えられた役割の内容を認識した上での参画→⑤おとな主導で子どもの意見提供ある参画→⑥おとな主導で意思決定に子どもも参画→⑦子ども主導の活動→⑧子ども主導の活動におとなも巻き込む

また，バーバラ・フランクリンはハートの概念をより明確にするために，参加の11段階として次のように変更整理した[2]。

【非参加】
○まったく考慮されない（子どもはいっさい助けも得られないし，考慮もされない。無視されている状態）
一段階：おとな支配（おとながすべてを決定する。子どもはやらなければならないことを命じられるだけ）
【プレ参加】
二段階：おとなの優しい支配（おとながすべてを決定する。子どもは何をしなければならないと命じられる。理由を説明され，説明を受ける）
三段階：あやつり（何をするかはおとなが決定するが子どもに賛成するかどうか尋ねる。子どもは賛成しなければならない）
四段階：お飾り（何をするかはおとなが決定する。子どもは歌や踊り，セレモニー的な役割を演じて参加する）
五段階：形だけ（何をするかはおとなが決定する。その後，子どもはささいなことに関して決定することを許される）

---

1) Roger A Hart, *Children's Participation: the theory and practice of involving young citizens in community development and environmental care*, EARTHSCAN, London, 1977
2) 季刊『子どもの権利条約』No. 15所収「『参加のはしご』再考—子ども参加支援理論の構築をめざして」（安部芳絵）を参照

【参　加】
六段階：募集（おとなは子どものアイデアを募集するが，おとなが自分たちにあった条件で決定する）
七段階：相談（おとなは子どもに相談し子どもの意見を慎重に考慮しながら決定する）→八段階：共同決定（おとなと子どもが対等に決定する）
九段階：子どもが主導でおとなが助ける（子どもがおとなの助けを借りながら，決定を主導する）
十段階：子どもが責任者（何をするか子どもが決定する。おとなは子どもが意見を求めたときだけかかわる）

　もちろん，学校の教育活動すべてを上位の「段階」だからよくて下位だからダメと評価しようとするものではない。学校教育では，「子どもが主体的に……」としてさまざまな教育活動が計画・実施される。しかし「子ども参加」にもさまざまな段階があることを意識しておく必要があるということである。特に特別活動においては，子どもの視点から見てその「参加」がどの段階に相当するのか，そしてやがて学校を卒業していく子どもたちが「高いレベルでの参加」の力をどこでつけるのかは十分意識しておく必要があるだろう。学校での生活は，市民として「高い段階での社会参加」をするための貴重な学習体験なのだから。

これからの子ども像と特別活動

　いま私たちのめざす子ども像（未来のおとな像）についてもう一度考えてみる必要があるのではないだろうか。これまでのおとなの子育てや教育に対する「常識」として，「子どもは未熟だから，おとながあるべき姿をさし示し，そこを歩ませることによって一人前のおとなとして導いていく」という考え方があったのではないだろうか。「おとなが範を示し教え導く」という考え方は子どもの人生の先導者としておとながあり，子どもはその指し示す道（おとなが敷いたレール）を子どもに歩ませるという考えのように思われる。しかし，本当にそうなのだろうか。未来を生きる子どもたちは，今を生きる私たちには想像す

ることもできないような新しい課題に直面するだろう。そのとき，誰かの指示を待ちそれに従おうとしたり，不都合や不満があってもあきらめたり，ただ堪え忍んだりするだけでなく，「平和的な国家および社会の形成者」の一人として考え意見を言ってとりくみ，現状を「変えていく」主体者になってほしいと私たちは願っているはずである。

であるならば，今を生きる子どもを「傍観者や客体ではなく主体者として」尊重し，そうした体験を保証することこそが必要なのではないだろうか。子どもたちは今の時代に主体者として参加し生きるという体験を重ねる中でこそ，民主的な社会の一員として主体的に生きる力をつけていく。それは子どもの権利である。それはおとなの中でしばしば語られる「民主的」という言葉の民の中に子どもを入れるということであり，子どもの権利条約の主張はまさにここにあると考える。

問い直したい学校の"常識"
問題の起きる学校は悪い学校か？

自分の学校を"いい学校"にしたいと願わない人はいない。しかし，"いい学校"とはいったいどんな学校なのだろうか。世間では問題の起きる学校を「荒れた学校」として問題視し，問題の起きない学校を「落ち着いた学校」として評価することがよくある。

服装・身なりは中学生らしくきちんとしていて，きまりを守り，授業は静かで，遊ぶときは元気にはつらつと，危険なこと（事件）や友達とのトラブルなどの問題は起きない…こういう学校をおとなはしばしば"いい学校"の条件とすることがある。ここで考えてみたいのは，問題が起きない学校にするということは，問題を起こさせないようにするということ。そのためには，子どもがおとなの考える"あるべき姿"から逸脱しないように，きまりをつくってその通り守らせる「指導」をすすめることが手っ取り早いやり方となる。たとえば次のように。

- 上級生と下級生のトラブルを回避するために，学年で階をわけて互いに立ち入らせない，トイレを学年で分ける，使う階段を区別するなどのきまりをつくる。
- 夏服，冬服などそのときに応じた「中学生らしい服装」を決めて着させる。
- 効率よく整然と行動できるように，各自の（勝手な）判断を少なくしマニュアルや指示通りに行動させる。

　この時の教師は，子どもが何を考えどう判断したかを受けとめサポートするのでなく，子どもがこちらの指示通りに動いたかどうかを点検し従わせるという役割を担うことになる。
　かくして，子どもがみんなこのきまりのワクの中で生活できている学校はきちんとした"いい学校"，そうした流れに乗って行動している一人ひとりの子どもは"いい子"または"普通の子"とみなされるようになっていく。

「転ばぬ先の杖」は子どものため…？

　「このごろの子どもは自由がありすぎてものを考えなくなった」という意見が，ある会合で親から出された。いまの子どもがものを考えなくなったのかどうかもそうだが，自由だとものを考えなくなるのかどうかについても異論がある。
　学校の中のきまりには，「○○を認めてしまうと△△する子が出てくるから」という理由で決められているものがしばしば見られる。例えば，「他クラスに入ってはいけない」というきまり。これは，盗難や友だちのものを勝手に持っていくなどのトラブルを未然に防ぐためにつくられたものだと思われる。だが，「用があるのになぜ他クラスに入ってはいけないのか。友だちのものを持っていく人はめったにいない。もしいたらそのことを問題にすればいい」という子どもの疑問の声の方が筋が通っているとも思える。休み時間などに，別のクラスの心を許せる友と話したいと思うことはわがままなことなのだろうか。
　また，「学校にマンガ，ヘッドホンステレオなどの不要物を持ってきてはいけない」というきまりもよくある。「学校は勉強しに来るところだから……」

という，おとなだったら疑問を持たない禁止の理由も，「学校って勉強して，遊ぶところでしょ。もっと遊びがあってもいいと思う」という子どもの意見を前にするとウームと考えてしまう。○○を許可するとそれに夢中になって授業に遅れる，授業中やられると困るという教師側の心配も理解できる。それは使い方が問題なのであって，マンガやトランプ自体が子どもに有害なのではない。もし，そのことが理由で授業に遅れたり授業のじゃまになるような遊び方をしたのなら，そのことを，つまり今何が必要かということを自分で判断して使い分けできるように促せばいいことであって，「風が吹くと桶屋がもうかる」のように，いくつも先の問題を想定してその芽を元から摘んでしまうやり方は，子どもが自分の頭で考えて行動するチャンスを奪うことにならないだろうか。

学校での失敗体験は自立のステップ

うまくいくように周到に準備されたきまりに従って，その通りに疑いもなく送る安全な生活，それは確かに問題は起こらずスムースにものごとが運ぶかもしれない。でも，それでは子どもが「なぜ？」と疑問を持ち「どうしたら？」と考え，場面場面に応じて自分で考え自己決定するという自立のステップを踏むチャンスを奪ってしまうことにならないだろうか。子どもに考え選ぶチャンスを与える，周囲の人たちの考えと調整をし，はたらきかけ現状を変えていく役割を担う。そしてその結果を自分が受けとめ責任も担う……，こういう自立に向かう学び体験の場面を学校にもっともっとつくっていっていいのではないだろうか。もちろん，いのちにかかわる問題のようにとりかえしのつかない失敗はさせないための配慮は必要だ。そのための規制は子どもにも必ず納得されるはずである。

「学校は失敗をしていいところ」とよく言われる。それは裏を返せば「学校は問題が起きるところ」なんだということと同じではないか。「子どもが自ら考えチャレンジし，その結果について受けとめ責任を負う」これは子どもの自立に必要な学習体験であり，選ぶ，チャレンジする，失敗をする，責任をとる，仲間と共同して何かをなす。それは子どもの権利なのである。問題が起きない

ようにとおとながあらかじめセットした道を子どもに歩ませ，問題のない無難な中学3年間を送らせるのが学校の役割ではないはずだと考える。

「先生，学校って変だ。外では平気で許されていることが許されなくて，外では絶対に許されないのに学校では何となくできちゃうってことが結構ある。校外ではガムを食べていても叱られない。服装だって自由。自転車に乗ってもいいし……。だけどそれは学校では許されない。反対に友だちのカバンを勝手にあけたり，友だちの教科書を借りちゃったり，外では絶対に許されないことがなんとなく許されちゃうことがある」。学校で起きた盗難事件の話を聞いて叫んだY男君のこの言葉が忘れられない。

学校の中ではきまりとして禁止され教師の必死の努力で守らさせることができたことであっても，学校の外に出ると別な「常識」がそこにはあって学校の束縛から自由になり，取り締まりによって守らされてきた学校のきまりは外では平気で破れてしまう……。子どもにとってこの学校の「たてまえ」と学校外の社会の「あたりまえ」のズレが，いまとても大きくなってきているのではないだろうか。「少しずついろんな意味がわかりかけてきてるけど，決して授業で教わったことなんかじゃない」という尾崎豊（17歳の地図）の歌が若者に支持されていることはそのことを物語っているのではないだろうか。

"鉄人28号"ではなく"鉄腕アトム"のように

子どもを指導管理の対象としてしか見ないおとなの立場から見ると，今の子どもたちの要求や的を射た主張も，言うことを聞かない自分勝手なわがままに見えてしまう。おとなの指示通りに「きちんとやらせる」指導ばかりでは，子どもが主体的な市民としての"自分の可能性"，"自分の権利"，"自分の存在の価値"に目覚める機会は得られない。仲間と共同して自分の生活する社会にはたらきかけそれをつくるという「平和的な国家および社会の形成者（教育基本法）」たる主体的市民となる機会も保障されない。それに比べ，子どもの視点で考えてみると，一緒に変えていくべき課題が先の先まで山ほど見えてくるものだ。学校を改善するとりくみの中軸に子どもとをおくことによって，子ども

のゆたかな社会参加体験が保障される学校となることができる。

　21世紀になって，昔大人気だった"鉄腕アトム"がまた脚光を浴びている。アトムが連載されていたころ，同じく"鉄人28号"というロボットマンガも大人気だった。どちらも強いロボットだが，大きな違いは"鉄人28号"はリモコンで動き，"鉄腕アトム"は自分で考えて動くということ。"鉄人"はリモコンを持つ人によって正義の味方にも悪魔の手先にもなる。それは自分の意志を持たず誰かの言うとおりに動くロボットだからだ。それに対して鉄腕アトムは自分で考えて行動するから悪魔の手先にはならない。憲法や教育基本法が主張し，私たちがめざしている子どもの将来の姿はいうまでもなく"鉄腕アトム"型である。しかし，今学校でとりくまれている教育が，必ずしもそうなっているとは限らない。「子どものために」として懸命にとりくまれている日常の教育活動が"鉄人28号"を育てるものになってはいないかどうか点検し続ける客観的な目を私たちは持つ必要がある。

　現代を生きる子どもたちは，エネルギー問題や環境破壊など，おとなたちがつくり出し解決できないまま先送りされているいくつもの課題を引き受けさせられている。加えて，"未来"は私たち今のおとなには予想もできなかったような新たな課題を人類に突きつけて判断を迫るだろう。そのとき自分の生活する社会の自己決定に一人の市民としてかかわり，よりよい社会をつくる活動に参画していくことが求められる。民主的社会であるためには，そうした個人の存在が必要になる。学校はそのための学習体験を保障する場でなければならない。

【参考文献】

宮下　聡　『中学生の失敗する権利，責任をとる体験─学校は変えられるんだ』ふきのとう書房，2002年

田中孝彦・高垣忠一郎編集代表　中学生の世界（全4巻）
　　　2『中学教師もつらいよ』
　　　4『こんな中学校に変えよう』大月書店，1999年

4 地域に拓く特別活動

鎌倉　博

1　街の現状と学校の教育

商店街の深刻な実態

　3年生の社会科で、駅前の商店街を探検しました。その中で子どもたちは、高い煙突のあるお店と、地域の子どもたちが群がるお店に興味を示しました。1つは銭湯で、1つは駄菓子屋でした。高度経済成長期にはどの街にも必ずと言ってよいほど存在したお店でした。そこは街の人々のコミュニケーションの場でもありました。ところが、各家庭にお風呂が普及し、スーパーやコンビニ

ゴミの山から都心をみる

で手軽にお菓子が買える現代では，その存在を知る子はわずかでした。そこで，改めて2つのこのお店に全員で行ってみました。そして，お湯につかり，駄菓子屋の中を見て買って味わってみながら，お店の人の話も聞きました。ともに，「生活していくには店を閉めたい。しかし馴染みの人が楽しみに来て喜んでくれるとついついがんばってしまう」ことがわかりました。

　さらに個々のお店の調査から発展させて，駅前商店街の移り変わりも子どもたちと調査してみました。すると，たった3年間でなんと4分の1ものお店が，別のお店に変わったり，閉店してしまったりていることがわかりました。不況の厳しさはよく聞きますが，商店主でないとわからない深刻さを実感する結果となりました。

　この調査を進めていく中で，商店街の人々は，自分たちの生活に目を向けてくれる子どもたちのことをとても喜んでくれました。中には，その調査のまとめを「いくつかまとめてちょうだい。商店会長さんたちにも渡しておくから」という方もいました。

担ぎ手のいない町神輿

　今度は，史跡の調査にも出かけました。室町の時代から奉納相撲を続けている世田谷八幡神社のお祭りに出かけ，奉納相撲の由来やそのお祭りを続ける街の人々の思いを調べました。ところが，教師の事前調査の際，そのお祭りを支える町会の人から，「ぜひ和光小の子どもたちに神輿を担いでもらえないか」と頼まれました。当日子どもたちと担いでみてわかったことですが，その町会には立派な神輿が3体もありながら，担ぎ手がわずかばかりしかいなかったのです。和光小の子どもたちが，元気な声で神輿を担いで街を練り歩くと，町会の人々は「久々に元気なお神輿になった」と大喜びでした。

　街には数千人もの人が住みながら，家庭が個別化してきているため，町会の人々の努力にもかかわらず，つながりがつくれないでいるのです。小雨混じりの，しかも休日でしたが，私学和光小の子どもたちは各地から駆けつけました。

子どもたちは「みこしがかつげる」喜び一心で集まりました。しかしそのことが，結果としては街に元気を興したようです。

幻の大根「大蔵大根」を追う

さらに街探検していくと，都会の住宅街の中でも，「街の緑と地元の味を残そう」とがんばる農家があることもわかってきました。農家の人々も，子どもたちが都会の中の農地に目を向けることを歓迎してくれました。中には，その場でもいだ生の野菜や果物を味わわせてくれる農家の方もいました。

そんな中，こだわりの野菜を作る農家が，かつての世田谷特産の大根「大蔵大根」作りに挑んでいる事実に出合いました。1メートルを超える長さで，首から先まで白く同じ太さの，特徴ある大根なのです。長くて太いために，農家にとっては抜くのに大変（そこから「腰抜かし大根」と言われていたそうだ），核家族化した消費者にとっても大きくて持ちきれないし食べきれないとあって，生産することが避けられてしまったそうです。しかし，「煮物にすると絶妙な味が出る」と，その味を好む人々もいて，「農家としては是非とも次世に残したい」とがんばっています。

そこで，子どもたちと，自分たちが食べている大根は何か，なぜ青首大根がよく売られ買われているのか，おうちの人やお店の人に聞くなどして調べるとともに，全国各地の大根を集めながら，それぞれの特色を見たり味わったりしてきました。また，「腰抜かし大根」といわれた大蔵大根を実際に抜かせてもらったり，それをおいしく食

大根畑

青首大根と大蔵大根

べる調理を体験して味わってみたりもしました。

とりわけお世話になった脱サラの河原さんは，子どもたちの学習の貴重な協力者でした。河原さんには，ちょうどこれから小学生に上がる子どもさんがいて，我が子の教育を考えていたそうです。そして，和光小の子どもたちが学ぶ姿を見ているうちに，教室での知識だけではなくて，実際に調査し体験しながら生きた学びをしていくことの大事さを感じたそうです。おかげで，子どもたちの調理活動のたびに朝どりの新鮮な大蔵大根をわざわざ学校に届けてくれました。

街の人々は自分たちの生活の理解者としての子どもたちを待っている

3年生での3つの事例を見てきましたが，今日の社会はとても生きづらい世の中です。大型店の出店は街の中小商店の経営を圧迫しています。売れる商品だけが出回る市場では，こだわりの農家は追いやられてしまいます。土地の増税は農家の暮らしをさらに圧迫しています。街の活性化とコミュニケーションをはかろうとする町会の人々の努力にもかかわらず，家庭の個別化はさらに進み，防犯装置を設置し外界との関わりを制約している家庭も少なからず増えてきています。

こうした社会状況の中で，子どもたちと街に出かけてやってみる調査活動は，生きづらい今日の社会生活の実態を浮かび上がらせる学習となりました。弱者が切り捨てられる社会の中では，弱者に目を向けていくことが意図的に避けられてしまいます。それだけに街の人々は，その苦しい実態を共感的に見てくれる人々の存在を求めているのです。今回の調査で出会った和光小の子どもたちは，まさに街の人々の生活や思いを理解する頼もしき存在だったのです。

しかし，そうした街の人々の多くは，必死の思いをしながら，一方でとてもしたたかに生きていると思います。苦しいながらもたくましく暮らすこうした人々との出会いは，他方子どもたちを元気付かせる存在でもありました。

このように，街に出て行く学習は，街を興すとともに，子どもたち自身に学習することの意味と意欲をもたせる可能性を秘めていると言えそうです。

2 川で遊び見つけ感じる中で学ぶ子どもたち

現代の子どもたちと川

　4年生の総合学習「多摩川」の1時間目に，川で体験したことや知っていることを交流しました。その時，学級で意見が二分する出来事がありました。それは「川にアジがいるか」でした。アジと言えば海の魚です。しかし，当時の子どもたちの中には，魚を識別する力が十分になく，銀鱗の魚はすべて「アジ」ととらえていた子がいたのです。

　その子どもたちは，多摩川を目の前にするまで「キラキラ光ってきれいな川だ」と言っていました。しかし，初めてその多摩川に出かけて足を入れてみると，「毛みたいの（藻）がはえていて気持ち悪かった」「生臭かった」と，嫌悪感を示しました。

　古代から人間は，川の流域に生活の拠点を置いて暮らしていました。川は人間にとって「命」を育む存在だったのです。でもその川も，現代の子どもたちにとっては遠い存在なのでしょうか。

　しかし，生活が機能化され，体験が不足がちな現代の子どもたちだからこそ，自然の中でたっぷり遊んでその楽しさを知り，その川が自分達の生活と深く関っていることに気づいていけば，きっと川に夢中になっていくことだろうと考えました。そして，ギャングエイジとも言われる中学年のこの時期を本校では選んで，この学習を行っています。

水辺の生き物を夢中で追いかける子どもたち

　そんな子どもたちと1学期に3回多摩川に出かけました。

　4月は川辺で遊びました。事前に食べられる野草の学習をしておき，さっそく現地で見つけてはその場で天ぷらにして食べました。本流から脇に注ぎ込んだ池状のところでは，泳ぎ出す子，稚魚を追いかける子，石を並べて「ダム」をつくる子と，思い思いの活動で川を楽しんでいました。

5月，今度は水辺の生き物とりに絞って作戦を立て，道具の準備をして出かけました。はじめのうち，藻の浮かぶ川に入ることをためらう子もいましたが，子どもたちを歓迎するかのように，銀鱗をピチピチ光らせながらはねている魚の姿を見ると，お構いなしに川に入って魚を追いたてました。しかし，魚もバカではありませんから，簡単にはつかまりません。収穫もわずかでした。

　そこで，どうしたら，あの魚がとれるのかと，再び場所や道具，捕り方の作戦を練り直しました。そうして7月，もっと魚を追いこみやすい場所に変えて改めて魚と格闘しました。さすがに今度は大漁でした。アブラハヤ，オイカワ，モツゴ，タモロコ，フナの稚魚，ニゴイ，カマツカ，ヨシノボリ，ドジョウ，ナマズ，ウナギの稚魚，ミズカマキリ，ミズスマシ，アメンボ，ザリガニ，ヤゴ，スジエビと，多種大量にとれました。

　これらは，さっそく学校に持ち帰り，いくつもの水槽に分けて入れられて学年で飼育が始まりました。水槽に群がる子どもたちも出てきます。図鑑を片手に名前を調べる子，スジエビやヤゴが稚魚に食いついているのを見て大騒ぎする子。水槽の魚たちのおかげで毎日がドラマでした。

　A男はとても控え目な子に見えました。しかし，その彼はすっかり魚にはまって，水槽の魚を網で追いまわしては，たびたび学級で問題にされるようになりました。魚が彼の中の野性を発揮させたのでしょう。B男は落ち着きがないので，机に向かう学習は苦手です。しかし，生き物と関わることは大好きでした。彼は，2回の魚捕り大会で，いつも大漁賞，多種類賞を総なめにし，ヒーローになっていました。その彼は夏休み，家族で多摩川上流に出かけ，水生昆虫と出合い，すっかりその魅力にはまりました。夏休み明けの自由研究発表会で，実に丁寧に水生昆虫の1つ「プラナリア」を捕獲して調べたまとめを紹介しました。書くことは大の苦手でしたが，水生昆虫との出合いが多動な彼に，丁寧なまとめを仕上げさせる力を発揮させたのでしょう。

父親も夢中に

　現代社会は親子の関係も断絶してきています。親が子を殺し，子が親を殺してしまうような悲惨な事件も後を絶ちません。こうした中で，学びの中で親子の関係が深まっていく，豊かになっていくような取り組みができたら素敵

上流の川遊び

なことです。そんな糸口が川での活動で生まれました。

　2学期は，「川」や「水」で共通の問題関心を深めた同士が集まって，こだわり研究グループを作り，休日を利用して個別の活動を展開しました。しかし，休日の活動ですし，このときは9つものグループ（魚・水生昆虫・鳥・ゴミ・水質・湧き水・化石・景色・水害）ができましたので，担任1人の力では引率しきれません。そこで，あらかじめ教育講座や学級懇談会で，この学習活動の持つ意味や，その中で育っていく子どもたちの姿を語り，理解を広め，子どもたちと丁寧な計画を作っていくことで，引率での協力を取り付けました。こうして，父母の引率の下，それぞれの問題関心に合わせて，多摩川の上流から下流までを視野に，目的に応じた場所で2回～3回の活動を展開していきました。

　こうした中で，とりわけ「魚」「水生昆虫」「化石」のグループには，毎回のように父親が参加していました。始めは引率を目的に運転手を務めるつもりだったのでしょうが，まだ手際の悪い子どもたちにとり方を教えたり，おもしろがって活動している子どもたちに魅せられたりしているうちに，ついに自分たちも竿や網，金槌を手に夢中になって捕獲し，採集していきました。おかげでどでかいコイやギンブナまで，学年水槽の仲間に加わりました。

　この子たちの父親世代は，わずかではあっても，自然の中での遊びを辛うじて体験してきています。しかし，現代の仕事社会の中で，その楽しさを忘れかけていたのでしょう。多摩川に親子で関わる中でその忘れかけていた喜びを思い返し，今は我が子とともに自然を楽しむ喜びを味わっていたのでしょう。そ

して，じっくりと我が子と向き合い，我が子の成長の姿を実感することで，学級や学校への信頼をも厚くしてきたと思いました。

奥多摩の自然と人との出会いの中で

和光小学校では，総合学習を深めるために，その内容と合わせた合宿先で，各学年ごとに3泊4日の林間合宿を実施しています。4年生は，多摩川の最上流東京都奥多摩町へと向かいます。

子どもたちは，地図帳の見方を学習をするまで，「東京＝都心」のイメージをもっていました。しかし，社会科の地図学習で，土地利用の状況がつかめるようになると，東京の半分（年々狭まってきているが）は森林に覆われた山間地であることを発見して驚きました。また，「東京見学」の一環で本校を訪問することになっていた伊豆大島の小学校との交流会に向けた学習から，東京にも沖縄やハワイを思わせるような，海のきれいな島部もあることを知って，東京観を変えていきました。そんな子どもたちが，イメージでなく，その目と体で自然豊かな東京を感じる機会が，4年生にとってはこの奥多摩合宿です。

1日目は，今までの中流域の川の姿とは違う，透き通っていて，夏でも凍りそうに冷たい上流の川で遊びます。2日目は山を歩き通して，多摩川の水干（川が始まる姿を象徴する1滴の水がしたたる所）と，そこから沢になり川になる姿を見て，清水を飲んでみます。3日目は，大事に守られた山だからこそ残る円周5メートルはある巨樹を見て，その森林が果たす役割の話を地元の方に聞きます。「こんなにきれいな水があの多摩川になっちゃうの」「東京にこんなに自然が残っているんだ」これが子どもたちの驚きでした。

山の湧水

合宿の最終日には，地元の小学校との交流もつくってきました。踊りや学校自慢の技を交流し，河原で会食して

交流を深めました。そして，和光小の子どもたちのために，1人1匹ヤマメを放流させてくれました。初めて見る子がほとんどで，すっかり魅せられていました。バケツから川辺に移しても，わざと石で囲いをしていつまでも手元で見つめ続けていたり，なでたりしていました。

このことがきっかけで，「上流の魚を学校で飼育してみたい」という声が高まりました。しかし，上流の魚を飼うには，適切な水質と温度の管理が必要でした。幸い，国土交通省河川事務所の川の研究活動に対する助成金の申請を出していましたら，認可されました。そこで，その助成金を全額充てて，水質浄化機能に温度調節ができる装置を購入しました。魚は奥多摩の小学校の紹介で地元の漁協が分けて下さいました。こうして，ついに都会の学校でヤマメとイワナの飼育を実現させました。毎日の温度と水質を当番で監視しながら，餌やりを続け，現在も次の4年生に引き継いで飼育を続けています。

水を見つめ続ける子どもたち

この合宿をはさんで，体験的に水の学習ができるように，和光小の4年生の社会科では「わたしたちののむ水」が組まれています。

始めに，利き水をします。水道水，浄水機にかけた水，市販の天然水を飲み比べて当ててみるのです。「こんなに水の味はちがうのかとびっくりした」と子どもたちは言います。そこで，各家庭の飲み水はどうなっているのか聞き取りをします。すると，多くの家庭が水道水をそのまま飲むのではなく，様々に工夫して飲んでいることを知ります。中には水道水は一切飲まず，わざわざ取り寄せた飲料水を飲んでいる家庭もあることがわかりました。そうなると，「水道水って一体どうなっているの？」ということになります。そこで，浄水場の学習が始まり，また新たな驚きと出合います。それは「あの多摩川」を水源としている事実でした。子どもたちは，あの汚れた多摩川が水道水のもとと聞いて，とても不安を感じました。しかし浄水場で聞き取りして，ろ過の様子を見る中で，水道局の方が実に緻密な工夫をしていることを知ります。それを

浄水場見学

見て聞いて少し安心するのです。

こうした学習を通して，飲料水へのこだわりが子どもたちの中に生まれました。教室には各地から取り寄せられたペットボトルが集まり，朝の会や社会科の時間は，たびたび各地の水を飲んでみることで始まりました。夏休みの個人研究でも「飲み水」が多くテーマに選ばれました。C子は，東京と田舎の大分の41人にインタビューを試み，水道水の感想や美味しく飲むためにどんな工夫をしているか聞き取りしてまとめました。D子は，水に違和感を与える残留塩素をどうやったら減らせるか，水質の測定方法を調べ，様々な実験でその方法を考えまとめました。E子は，旅行先の水道水や市販の水の水源や味，製法を取材して調べてまとめてきました。F子は，水の確保が大変な島ではどのようにして飲み水を確保しているのか調べてまとめてきました。さらに研究は，飲料水から地下水に及び，G男は住宅地の世田谷に点々と井戸があることをつきとめ1件1件尋ねてみたり，H男は区内には自然の湧き水が見られることをつきとめ訪ねて来てまとめたりしました。

このことから，飲み水の確保のために水源である川の水質にこだわったり，川の水を浄化していくものとしての地下水や森林の存在にも目を向け始めました。

日本の川の実態を知る中でバングラディシュまで向かったI子

2学期の4年生の国語では，富山和子さんの『川は生きている』（講談社文庫）を位置付けています。全11章からなる子ども向けの書物ですが，その中から「あばれ川をおさめる」と「いたちごっこ」という2つの章を毎年読み深めています。そこには，日本の川の流れは急で，大雨が降るとあふれやすいこと。しかしかつての武将は，その川の氾濫と上手に付き合う方法で治水したこ

と。コンクリート護岸を長く高くしていくだけの現代の治水では、さらに水害を大きくしていることが書かれています。授業では、その事実を実感して読みとれるようにしてきました。

　Ｉ子は、夏休みの個人研究で、母親の故郷の博多でかつて起こった渇水騒動の事態とその後の対策を調べ紹介してくれました。そのＩ子の家庭で『川は生きている』のことが話題になったのでしょう。母親からかつて多摩川の土手が決壊し、家屋が流される被害があったことを教えてもらいました。それがきっかけでＩ子は、1974年の狛江の大水害を調べる「水害グループ」をつくりました。そして、被害者の会の方に直接会って、被害の状況やその後の生活、治水についての考えを聞いてきました。ところが、同じ被害に遭いながら、自然型の治水を望む声と、強固な護岸を望む、相対する声とに出合ってとまどいました。しかし、『川は生きている』を読み深めていったり、多摩川で遊んで見て考え深める中で、彼女は自然型治水の大切さを選択し、それをまとめにして、１月の多摩川研究を伝える会に参加した３年生や親たちに語っていました。

　その彼女は、母親の参加する活動や近くの東京農業大学の学生さんの研究との出合いから、バングラディシュへの関心を高めました。そして、２学期後半から、休日を利用して、バングラディシュの言語や生活、文化を学習し始め、ついに冬休みの10日間、バングラディシュへと飛び立っていきました。彼女は、その記録をノート１冊半にわたってまとめてきました。そして、バングラディシュの人々は、洪水は当たり前のことと考えていること、それを避けたり止めたりするよりも、日頃から水害に備えて暮らし、洪水をうまく利用して生きていることを知ります。そうして、それらのことを教室で紹介するとともに、ＮＰＯ団体が主催する子どもバングラディシュ展でも堂々とその体験を発表してきました。

　彼女は３年生のころ、いつもオロオロしていて何事にも自信がなく、対称的な母親がよく「そんなんだったら私学和光にいる意味がない」とＩ子にも私にも不満をぶつけるような、気弱な子でした。でもこの子もまた、多摩川を見つ

め，川の見方を深め，自分を確立していくことで，いつしか自分の思いを熱く語れる子へと自分を磨いていったのです。

サンゴのある東京湾!?　漁師の仕事で植林!?

　テキストをなぞる授業ではなくて，地域の実態をつかみ，その実態に即した学習活動を進めていくことがとても大切です。そのことを体で感じた私たち教員と子どもたちは，次々と新たな事実を持ち込みました。

　子どもたちの学習は，下流にも及びます。河口探検では泥干潟に入ってトビハゼやカニを追い回し，学校に帰ってからは河口の「開発」によって干潟は残り少なくなってきていること，その干潟は生物界の命と水質の浄化に欠かせぬ役割を持っていることを学習しました。社会科の「下水」の学習では，世田谷区の下水は羽田空港が目の前の大田区の森が崎水処理センターに運ばれていることをつきとめて，そこまで交通機関を乗り継いで社会科見学してきました。そして，水処理センターの人の説明で，下水処理場がない頃は川や海が泡とヘドロで魚も棲めなかったことを知ります。また，ゴミの行方を追いかけて行くと，区内の清掃工場で処理が終わるのではなく，そこで処理できない不燃物と焼却された後に残る焼却灰は，東京湾に浮かぶゴミの島「中央防波堤」に送られていることをつきとめて，これまた電車とバスを乗り継いで全員で社会科見学してきました。しかし，そこがあふれかえることで，今度は多摩川上流の自然豊かな山林を切り崩して，新たな最終処分場を建設した事実も掴んできました。こうして子どもたちの認識の中で，私たちの生活（水，下水，ゴミ）と川，さらには川の水の注ぎ口としての海が深く結びついていきました。

干潟での遊び

　その関心から今度は2本のビデオが届きました。海と川とを結ぶ事実を知る内容のビデオでした。東京湾の先端

4　地域に拓く特別活動　　*91*

千葉県館山には，沖縄に匹敵するサンゴ礁が存在するそうですが，それは海流で運ばれる栄養と，東京湾に注ぎ込む多摩川などの河川の栄養とが合わさって，生まれ育ったものなのだそうです。もう一つのビデオは，大分県杵築湾のものでしたが，カブトガニが棲めるほどの海を戻すには，その海に注ぎ込む川の水をよくすることが必要だと考えて，漁師たちが上流の山の植林を始めたというドキュメント番組でした。ここでさらに，川と海とのつながりが深く認識されていきました。

「多摩川の水は自然の命だよ」

　子どもたちはこうして，川に浸かって泳ぎ，魚や水生昆虫を追い，河原や土手でも野鳥や虫を追い，草花を摘んで選んでは調理して食べ，様々な調査の視点をつかむと水質を調べ，多摩川の環境を見つめながら，体まるごと「多摩川」と関わりつづけました。その思いを3月に，「多摩川作文」として書き綴りました。以下子どもたちが書いた作文の一節です。

　「(前略) 私は多摩川をみるたびに，この水を飲んでるんだなぁと思いました。でも前はそんな事考えていませんでした。はじめて川の中に入った時見た目はきれいだけど，中はちょっとよごれているなあと思いました。でも川に入った事のないときは外見ではんだんしていました。はじめて魚をとった時やっととれたあ！と思いました。そのときとった魚は私にとってとくべつな魚でした。でも，まだ魚をとったことのない私は魚は魚で同じと思っていました。最後に私は1学期の私と変わったと思います。なぜかと言うと，魚を育てて命の大切さを知り，多摩川を勉強して，見て・ふれて・かんじることを知ったからです」

(J子)

　「(前略) この1年間多摩川の勉強をしてずいぶんものしりになった。最初のころは川にあまりきょうみがなかったし，さかなにもきょうみがなかった。ひ

がたの事もしらなかった。こうして作文してみると,いろいろなことを調べていったなあ～と,なつかしい。ぼくたち一人一人川を大切にして,魚がたくさんすめるようなきれいな川がもっとふえてほしいとおもいます。(後略)」

(K男)

「(前略)多摩川が私をバングラディシュのメグナ川へつれて行ってくれたような気がしました。ガンジス川も流れているので,今度いきたいな。(後略)」

(前述のI子)

L子は,「多摩川の水は自然の命だよ」という句を作りました。ここにいう「自然の命」には,人間はもちろん様々な生物,さらにその生物が営む大自然総体が含まれていることでしょう。そしてその命には,生存とともにエネルギーが含まれているのでしょう。彼女は年間の活動を通して,川を壮大なものとして受け止め表現したのです。

このように,子どもたちは川で遊び,川で調べていく中で,自分たちの生活との深い結びつきをとらえていきました。

3　地域と学校との意味ある関係を築く

「総合的な学習」が全国で展開される中で,各地で校外に出ての学習活動が展開できるようになりました。その中で,今まで見せなかった子どもたちの学習への向かい方を見たり,出会った人からの声に学ぶ意味を教師も子どもたちも実感したりという報告が生まれてきています。そうして,意欲的に学ぶ子どもたちの姿が見られることで,社会科や理科,文化活動などでも校外に出て,見て聞いて触れて感じて学習する実践も生まれてきています。

しかしその一方で,校外活動の安全のための手続きや報告の煩わしさだったり,教師に見通しが持てない不安から教科学習へ振り替えてしまったりする事

例も耳にします。

　様々な困難はありましょうが，地域の自然や人，社会の出来事との出合いは，子どもたちの学びを意欲的で主体的で内容の濃いものにしていきます。困難な事情は，学ぶ子どもたちの成長をどう保障していくのかを第一に，よく職場で論議して乗り越えていくことが大事です。

【参考文献】

学校法人和光学園和光小学校は，子どもを主人公にした教育を標榜して独自のカリキュラムで学習や文化の活動を展開する。『和光小学校の総合学習全3巻』『生活べんきょう上下巻』（ともに民衆社）を始め実践書は多い。毎年11月23日頃に公開研究会を開催している（http://www.wako.ed.jp 参照）

私が所属する日本生活教育連盟では，『ともにつくる総合学習』（新評論）を始め，全国の実践家が地域と学校をつなぐ数多くの実践を著書として発行している。総合学習や地域を題材にした学習を，月刊『生活教育』（2004年4月から生活ジャーナル社）でも紹介している（http://nisseiren.jp 参照）

5 子どもたちの地域生活と教育

神代 洋一

1 子どもたちの地域生活の変化

　あたりまえのようなことですが，子どもは，家庭・学校・地域の3つの空間で生活しています。家庭では親が子育ての主体者であり，学校では教師が教育の主導権を握っています。それらに対して地域は，子どもにとって自由な空間です。誰と何をして遊ぼうと，人に迷惑をかけない限りは，子ども自身の判断に任されています。

　子どもたちは，大人に管理されない自由な空間である地域の中で集団的な遊びを通して，友だち関係や人間関係を築き，技や知恵，力を育ててきました。

虫取りや魚釣り，草花遊びや木登りなどの体験は，地域や自然への認識を育て，地域のおまつりや儀式などを通して，地域の慣習や近隣とのつきあいかたを学んできました。子どもたちが身近な自然や社会を知り，一人前の住民として育つために最低限必要な栄養素を地域はたっぷりと与えてくれます。

しかし，戦後の半世紀で子どもたちの地域生活は大きく変化しました。半世紀の日本社会の発展が残したもの，それは，学校でも家庭でも地域でも空洞化した生活を余儀なくされ，孤立し，空虚さと苛立ちを抱えた子どもたちの群れです。

地域環境の変化

1960年代の高度成長政策，1970年代の「列島改造」政策にはじまり，1980年代の「バブル」経済による地域破壊の進行は，子どもたちの遊び場やたまり場となっていた空地や林や路地裏をビルや駐車場で埋めつくしました。拡幅された道路にあふれる車は，交通事故を引き起こすだけでなく，排気ガスなどによって，子どもたちの健康にも大きな被害を与え続けています。急激な過疎，過密の進行，人口移動は，住民関係や子どもの友だち関係にさまざまな影響をもたらしました。遊び場が奪われ，近所づきあいが不安定になるにつれて，子どもたちの遊び集団は急速に小さくなっていきました。

「学校化」される地域生活

子どもたちの地域生活崩壊に追い討ちをかけたのは，小さい時からの塾やおけいこごと通いでした。1970年代から80年代にかけては，高度成長を支える「人づくり」が主張され，指示されたことには素直に従い，即戦力となる人材形成が求められました。学校では「詰め込み教育」と後に批判されるような授業のありかたや，1点を争う偏差値教育が行なわれ，一方ではそれに必死についていこうとする子どもたちを，もう一方では大量の「おちこぼれ」を生み出しました。

「学校でのいい成績」「人より優れた能力を持つ」ことが子どもにとって幸せなことという価値観の中で，「勉強しろ！勉強しろ！」「人と同じことをしていてはだめだ！」「人にできないことをやれ！」など学校教育の価値観を家庭生活や子どもの地域生活にも持ち込まれました。小さい子，力のない子への配慮や優しさが必要だった異年齢の大きな集団から，同学年，同質の小集団への変化とともに「集団から落ちこぼれることの不安」「集団の中にいてもいつも比べられることの不安」が子どもたちの心を繰り返し襲うようになったのです。

　すべての生活と価値観が学校ナイズされる中で，その価値観になじめない子，疑問を感じる子，存在価値を否定された子どもたちの中に登校拒否や非行，校内暴力，家庭内暴力などの「問題行動」が噴出，表面化したのが80年代でした。こうした事態に学校は徹底した管理主義で子どもたちの行動を抑えようとしました。常識では考えられないような厳しい校則による生活の細部までの締め付け，体罰の横行など，子どもたちには人権が認められないかのような状態が多くの学校でつくられたのでした。

　「管理」の目の届かない「地域」は，子どもたちの欲求不満の捌け口となりました。公園や公衆トイレ，電話ボックスなどが壊されたり，いたずらされたりの事件があいつぎ，子どもたちが大勢でたまっていると近所の人が110番通報すると言うような町ぐるみの監視状態も作り出されてきました。

　80年代の後半になると，それまでの教育を「反省」して，「ゆとりの教育」「個性を生かす教育」「教育の自由化」が言われるようになりました。しかし，これらは，グローバル化社会を勝ち抜く「人づくり」教育の一環として提起されており，学校選択性に見られるような「自由化」や学校の「多様化」などは，これまで以上の「競争」を生み出しながら，「同じ地域の子が同じ学校に通うことで仲間になる」というかろうじて残っていた子どもたちの「地域共同体意識」を完全に破壊する危険性を持っています。

家庭生活の希薄化，孤立，崩壊

1970年代には，家電製品が急速に家庭に普及しました。その結果，掃除，洗濯，炊事，風呂焚きなどの「家事労働」が軽減されたのにともない，そうした「仕事」の重要な担い手であった子どもたちの家庭での役割もなくなり，「自分がやらなければ」という責任感や存在感が薄れていきました。

さらに1970年代からのテレビの普及，1980年代のビデオの普及，1983年の「ファミコン」の登場以降のテレビゲームの爆発的普及，ファーストフードやコンビニエンスストアのひろがり，子ども部屋の普及など，家庭の中でも孤立してあそび，食事をし，寝るといった生活全体の「孤立」が問題となってきています。

1990年代のバブル崩壊以降は，世界的な経済危機の中で，グローバル化が叫ばれ，国際競争に勝つための「24時間眠らない企業作り」による，長時間労働，深夜労働，派遣労働や非常勤などの不安定な雇用形態が蔓延し，それを支えるように24時間，年中無休の保育所が次々と開設されています。労働基準法や児童福祉法がこうした非人間的な労働と保育のありかたに歯止めをかけるのではなく，むしろ，後支えするために改正させられているところに問題の深さがあります。その結果，共働きの家庭生活の崩壊，子どもの家庭生活や地域生活の完全崩壊，共働きでない家庭でも，単身赴任やリストラによる出向などの労働不安が家族に与える影響は計り知れないものがあります。

遊びやコミュニケーションの商品化と孤立化の進行

80年代後半から特徴的となったのは，マスメディアを駆使した「遊び」の商品化です。100万部発行をうたう少年漫画雑誌とテレビアニメ，玩具メーカーが連携し，特に男子の間にミニ四駆やベイブレード，遊戯王カードやポケモンカードなどの爆発的なブームを作り出しました。これらは，単に玩具メーカーが開発した遊具やカードで遊ぶと言うだけでなく，コレクション性を付加して射幸心をあおりました。女子の間では，プリクラやキャラクターシール，アイ

ドルカードなどが流行しています。さらに，これらのグッズやキャラクターを題材にしたゲームソフトが開発され，伝承的な遊び文化の衰退にとってかわった感があります。

1990年代後半からの携帯電話の爆発的な普及によって，現在では，高校生の大半，中学生の多くが所持し，小学生に

孤立化するあそび（マンガ・ゲームに興じる子どもたち）

も広まっています。メール機能の充実とともに，携帯電話は単に連絡のための手段ではなく，文字や映像や音楽などを多面的にとりこんだコミュニケーションツールとして特に10代～20代の若者に利用されています。「直接話すよりもメールのほうが自分の気持ちを伝えやすい」「いつでも友だちとつながっているような感じ」と，24時間肌身はなさず抱え，時間と所かまわず通信しあっているようすは，携帯電話依存症とでもいうべき事態にもなっています。

携帯型のゲーム機には，対戦モードという通信機能がずいぶん前から装備されていましたが，インターネットの普及とあいまって，自宅で一人でいても，離れた，見ず知らずの人間と同じゲームを楽しんだり，ゲームをしながらチャット機能をつかって会話を楽しんだりなどということができるようになりました。今後，インターネットを利用したテレビ電話の普及によって子どもの遊びの世界やコミュニケーションのあり方がますます商品化，孤立化していくことが予想されます。

孤立し，むなしさを抱えた子どもたちの群れ

子どもたちが地域や家庭で置かれているこうした状況を簡単に表現すると，
——「自由な遊び場やたまり場を失い，管理的で多忙な学校生活に疲れ，学校だけでは不安と塾やおけいこごとにかりたてられる日常生活。人間としての基礎を育てる家庭には，果たすべき役割や仕事はなく，存在感の

ない日々。両親は仕事に忙しく，すれちがいの生活の中で食事も一人で済ますような孤立した生活。子ども部屋にこもり好きなミュージシャンの歌を聴きながらテレビゲームやインターネットで時間をつぶす。携帯電話に入ってくる友だちからのメールが何よりの楽しみ。友だちと一緒にいたいけれど，同じ物を持ち，同じファッションをし，同じ話題に同調しないと仲間はずれにされたり，いじめられたりしそうで怖い。部活やスポーツは仲間もいるし楽しいけれど，自由な時間がなくなるし，いつも人から比べられるのが辛い。やめると仲間もいなくなるし，まわりから「ダメ人間」のように見られるので，休んだり，やめたりもできない…」

ということです。こうした状況から子どもたちを救い出し，地域も家庭も学校も本来持っている教育力をまっとうに働かせるようになるためには，学校だけが，家庭だけが努力しても解決しません。

2　学校教育と地域教育の接点

　1998年改定の新指導要領では，特別活動の目標を「望ましい集団活動を通して，心身の調和のとれた発達と個性の伸張を図るとともに，集団や社会の一員としてよりよい生活を築こうとする自主的，実践的な態度を育てるとともに，人間としての生き方についての自覚を深め，自己を生かす能力を養う」（中・高校）としています。また，総則では「児童に生きる力をはぐくむことを目指し，創意工夫を生かし特色ある教育活動を展開する中で，自ら学び自ら考える力の育成を図るとともに，基礎的・基本的な内容の確実な定着を図り，個性を生かす教育の充実に努めなければならない」と学校教育の目標を提起しています。

　そもそも「生きる力」とは，どういう力なのでしょうか。それは，「生活や社会の諸問題や認識し，主権者として，集団的・民主的に問題解決に取り組も

うとする力」と言うことができます。特別活動の「望ましい集団活動を通して」,「集団や社会の一員としてよりよい生活を築こうとする自主的, 実践的な態度を育てた」子どもたちが, たいへん困難を抱えた地域の中で, どのような集団・社会の一員として, どのような自主的な活動や実践を行なっているのかにしっかりと着目することは学校での教育実践の検証につながるだけでなく, 地域の実践の中で育った子の力が, 学校での実践にフィードバックするという点でとても重要な意味があるものです。

特別活動の視点を地域に当てはめるとすれば, 地域における「望ましい集団活動」とは, 縦につながった異年齢集団による遊びや文化活動や行事活動ということになるでしょう。また「集団の一員としての自覚を深め, 協力してよりよい生活を築こうとする自主的, 実践的な態度を育てる」というのは, 年長の子は年長なりに, 年下の子はそれなりに, 互いに助け合いながら, それぞれの年代にあった役割を自主的に果たしていけるような活動の中で育つ課題を言うことができます。

こうした活動が地域にどのように育っているのかを教師は専門家としてよく見, 分析し, 子どもたちが地域でゆたかに発達できるようにサポートする必要があります。もちろん, 地域の子育ての主役は教師ではありませんから, そのサポートは, 地域で子どもたちの活動を支えている父母や青年リーダー, 住民などを通じて行なわなければならないことは言うまでもありません。

さらに,「開かれた学校作り」の課題と結びつけて考えた時に, たとえば,「子どもまつり」のようなとりくみを「学校だけ」で行なうのではなく, 地域との共同活動の中で子どもたち, 教師たちの役割をあきらかにしながらとりくんでいくような実践とつなげていくことも考えられます。また, 総合的な学習の課題としても環境調査など地域の課題を地域住民とともに幅広く取り組んでいく上で, 教室や学校の範囲を越えて広がる課題もあります。「特別活動」を狭い枠の中で考えるのではなく, 指導要領の視点からしてもそのもっとも根幹となる目標を担う「活動」として幅広く考えていくことが大事です。

3 「生きる力」を育てる地域の異年齢集団づくりの活動から学ぶ

　前節の問題意識にたって、1972年に設立された「少年少女センター」（正式名称　少年少女組織を育てる全国センター）を中心とする活動事例から学びながら、「生きる力を育てる」上で大切なことを明らかにし、同時に学校教育との接点を探っていきます。

　少年少女センターは、「少年少女組織の自主的・民主的な活動の発展を援助することを目的」（運営要綱より）とするNGOで、主に、「少年少女組織を作り、育てる活動」「少年少女組織を支える父母の会を作り、発展させる活動」「指導員の養成と、相互交流・学習を進める活動」（同）を行なっています。

子どもの住民自治の活動

　少年少女センターにかかわる地域子ども組織は、「どろんこ少年団」や「杉の木少年団」のように「少年団」という共通の呼び名を持っているところが多いのですが、全国統一の「誓い」や「おきて」を持ったスカウト型の少年団や子ども組織とは異なり、そこに参加する子どもたちの意見で団体名も会の「目的」や「きまり」、「やくそく」なども決まるという独立した子ども集団です。

　地域の子ども組織は、住民である子どもたちが、自分たちの願いを地域のつながりの中で自己実現していくための「子ども住民自治活動」として育つことが求められます。

　また、ここで言う「地域」とは、10代前半までの子どもたちの行動範囲やつながり、社会的発達段階などに即して、おおむね中学校区程度の「子どもの生活圏」の範囲としてとらえています。

要求や願いを集団的に実現する活動

　東京のM区にある子ども会では、月1～2回、土日を利用して小学校の校庭で「遊び会」を行なっています。「遊び会」の前には手作りのチラシが子ども

たち自身の手で，朝，登校する子どもたちに手渡されます。遊び会でどんな遊びをするのかを相談したり，チラシを作ったりするのは，立候補で決まった「実行委員」の子どもたちです。

ここでは，子どもたちを発達の主体，地域生活の主権者として捉え，「だれでもが参加でき，みんなで話し合って，民主的に活動していく子ども集団（子ども組織）を育てる」ことが意識的にとりくまれています。

M区の「遊び会」
大きい子も小さい子もいっしょにあそぶ

この会が夏休みに海での「お泊り会」を計画しました。お泊り会は4月の「総会」の時に子どもたちみんなから「やりたい」という声が出て決まった行事のひとつです。前年度参加者の対岸の堤防まで泳いで渡って堤防の上から海に「かっこよく」飛び込みたいという「あこがれ」や「夢」が計画を強く支えていました。実行委員が選ばれ，遊び会と同じように学校のすべての子を対象に参加の呼びかけが行なわれました。

子どもの家を持ちまわって行なわれた実行委員会の話し合いの中で「楽しく歌って，海でもどこでも，ともだちいっぱい，なかよすぃ（し）子」という目標が決まりました。「目標があったほうが，班やみんながまとまりやすい」「自分や班がなにをがんばったらいいのかがよくわかる」と子どもたちは言います。与えられた目標ではなく，自分たちが何をがんばりたいのか，何のためにそのとりくみをするのかを考え合って，自分たちで決めていく目標だからこそ，決める過程を通して子どもたちはお互いの思いに気づき，共通の目標（願い）のために力を合わせてがんばることの意味をつかんでいくのです。

班は小学校1年生から中学生まで，縦割り男女混合です。全員が班長，食事係，生活係，道具係に分かれ，年長の子も年下の子もそれぞれが自分のできることをしっかりやることで当日の生活を作りあげました。プログラムの節目ご

とに行なわれる班会や係会議で自分たちの仕事の進み具合や生活の問題点，がんばった成果をまとめ，「朝のつどい」や「班長会」で発表し合うことで，目標に向けての達成度や次の行動の課題を確かめ合っていきました。

　自分の要求や願いに気づき，意見を述べ合い，どうしたら実現できるのかをみんなで考え合って，目標を決め，計画を立て，役割分担をし，実践し，その結果を総括し，成果や教訓を明らかにすることを通して要求や願い，実践の質の向上をめざす。個人の要求を集団の要求として高め，その実現を集団的に行なうことで，個人の発達と集団の発達を結びつける。異年齢集団であることが，「お兄さんやお姉さんがやっていたようなことを自分もやってみたい」というあこがれと結びついて要求や願いになり，年上の子から自分のがんばりを認められたいという思いががんばる力になる…そんな人間的つながりが，月1，2回の「遊び会」の活動を通して育っているのです。

ともに学び生き方を考える活動

　この子ども会では，毎年，「青空学校」という行事にとりくんでいます。今回は，「散歩」というテーマで町を歩きながら，わくわくどきどきするものを発見しようということになりました。この地域は湧き水や大きな池もあり，いまでは埋め立てられて緑道になっていたりしますが，2つの川にはさまれ，かつてはその水を利用した畑や林の広がる田園地帯でした。その名残を感じながら，住宅地となったいまの地域にも「おもしろいもの」がいっぱいあることに気づいてもらい，この地域に生まれ育って良かったという思いを感じてほしいと言う青年や大人たちの思いで決まったテーマでした。

　「青空学校」というのは，少年少女センターが提唱する活動のひとつで，1，学ぶ喜びを子どもたちに，2，仲間と生活する喜びを子どもたちに，3，自治の力を子どもたちに，という3つの目標を持ち，地域や生活の中にあるさまざまな事象をテーマに異年齢集団でとりくむ総合学習の場です。1971年に東大駒場キャンパスを会場にパイロット的に開催された第1回青空学校以来，全国に

広まり，全国30数校に3000人以上の子どもたちが参加しています。

　2002年度から実施された新指導要領では「総合的な学習」が新しく加わりました。総合的学習は，「自ら課題を見つけ，自ら学び，自ら考え，主体的に判断し，よりよく問題を解決する資質や能力を育てること」「学び方やものの考え方を身につけ，問題の解決や研究活動に主体的，創造的に取り組む態度を育て，自己の生き方を考えることができるようにすること」をねらいに掲げています。青空学校では，この学習の主体を子どもだけでなく，まず，なによりも住民である父母や青年であると考え，住民として教師や専門家，地域の先達の協力を得ながら，自らの地域や生活の中にある課題を発見し，子どもたちといっしょに調査，学習，研究することを通して，その課題と生活との関わりを考え，子どもだけでなく大人も，ともに生き方を考えあうことを学習の大きなねらいと考えてきました。干潟の学習をする中で，自然環境と生き物の命の大切さを学び区長に手紙を届ける活動を行なったO区の青空学校。近くを流れる川の学習を進める中で一人ひとりが鮭の稚魚を育て，川に返すとりくみをしたT市の青空学校などの貴重な実践が各地で積み上げられています。

共に学び生き方を考える

子ども文化の創造を子ども自身の課題としてとりくむ活動

　これらの子ども会の子どもたちも参加しているNPO法人東京少年少女センター主催の「少年少女キャンプ村」では，毎年，たくさんの子どもたちに愛唱される歌が誕生します。30年以上の歴史があるこのキャンプ村では，子どもたちの団結のシンボルとして「テーマソング」をみんなで決めます。キャンプ村の参加者は，住んでいる地域ごとにまとまって「村」という集団を作ります。ひとつの村の規模は30人〜40人で10くらいの村が作られます。ここにも子

どもの生活圏を基本とした独立した地域活動をベースとする考え方が貫かれています。

村ごとに案が考えられます。10代の子どもたちが中心になって曲を考え，歌詞を考えていきます。創作された歌は，その村（地域）の子どもたちの歌声となってキャンプ前に行なわれる参加者全員による「総会」に提案され，投票によって全体のテーマソングが決定します。地域の準備会の中で，バスの中で，キャンプ中の「つどい」の中で，ちょっとした時間があればギターやタンバリンの伴奏で繰り返し歌われ，ひとつの地域から誕生したテーマソングは，連帯と団結のシンボルとして全体のものになっていきます。

ギターをひきながらの語り合い

このキャンプ村の中では，マスメディアの中で流されるような歌はまったくと言っていいほど歌われません。普段の生活の中では一時もヘッドホンをはずさずにいる彼らですが，自分たちが作り出す活動の中で共有したい歌とは別の次元のものと感じるのでしょう。昔から子どもたちの生活の中には，遊びや活動と結びついたわらべ歌や遊び歌が伝わっていました。まりつきの歌やなわとびの歌など，歌を聴くだけで自然と体が動き出してしまいます。いっしょに歌って遊ぶなかで子どもたちは，ひとつにつながっている心地よさを感じていました。子どもたちの自治的な活動を基礎にしたこのキャンプの中で作られる歌はアップテンポのフォークソング風のものですが，それを歌うことで仲間と活動を感じることのできる現代版わらべ歌とも言えるものになっているのです。

仲間や生き方について考え，自己を再発見する

——私は，小四の時，イジメにあっていました。クラス中の人から無視されていて，学校に行くのがいやで，毎日，朝になると『学校に行くのいやだなあ』って思っていました。…その時ぐらいから『人に弱みを見せた

らまたいじめられてしまう』と思い、人に自分の弱いところを見せるのがとてつもなくいやになってしまいました。…中学に入って、友だちとうまくいかなくて、部活の先輩ともだんだんうまくいかなくなって、…どっかでまたうまくいかなかったらどうしようって言う気持ちがあって…夏の学校（東京少年少女センターが主催する6泊7日の中学生対象のキャンプ）には、『行きたい』って言ったけど、少しだけ行きたくないって気持ちもありました。その時、いろいろ考えて、『家でヘロヘロしている自分をそのまま出しちゃえ』と思って、…そうしたら何だか、みんなとうまくやれて『あ、私はそのままでいいのだ』と思いました。…学校で友だちとうまくいかなくても、ほかに知り合った友だちがたくさんいると思うと、気が楽になるし、そうすれば人に優しくできるし、…

　M区の子ども会の中三の子がキャンプファイヤーのあとに行われた「中三交流会」でみんなに話した言葉です。

　あそびやキャンプなどの楽しい行事、学ぶ活動などの実践を通して、全身で感じるものを、自分の中で見つめなおし、他の仲間にきちんと伝えていくことは、特に思春期以降の子どもたちの自己確認、自己の再発見、自分探しにとって、大きな意味を持っています。

地域の教育力の要、青年集団・父母集団

　子どもたちが自分を見つめ、語りだす上で、大きな支えになっているのは、年長の青年たちの存在です。青年は、自分が通り過ぎてきた道を振り返りながら、子ども時代、自分にとって何が大事だったのかを語って聞かせます。子どもたちは、彼らの姿や言葉を通して自分の生き方とすり合わせながら自分を見つめていきます。青年の少年少女時代は、子どもたちにとってそんなに過去のことで

青年は子どもたちのあこがれ

5　子どもたちの地域生活と教育

はありません。そこには共通の文化，価値観，時代性が流れています。同じでありながら少し前を行く青年たちの姿，考え方，生き方は，いわば，子どもたちにとって無理なく自分の未来を映し出す鏡とも言える存在です。「なぜ，勉強するのか」「なぜ，学校に通うのか」「なぜ，仲間を大切にするのか」「なぜ，地域を大切にするのか」「なぜ，年下の子と関わるのか」「父母や大人，教師たちとどう関わるのか」「生きる上で何を大切にしているのか」…子どもたちが当然のように感じながら，でも大人からはなかなか納得のいく回答の得られないこれらの問題に，精一杯の生き様と真摯（しんし）な態度での語りで応えようとする青年がいてこそ地域の異年齢集団は，学校でも家庭でも得られない大きな教育力を発揮するのです。

　しかし，青年たちもまだまだ，社会的には未熟な存在です。自分が将来どのような道に進むのか，どういう大人になるのか，まさに暗中模索の時代をすごしています。子どもたちに自分の生き方を振り返って語ることは，彼らにとっても自分の足元をいつも確かめ，確信を持ちながら明日を生きる上でとても大事なことなのです。また，小さい子どもたちとのふれあいは，自分が忘れかけていた素直さ，一生懸命さなどを思い出させてくれるなど，現実の問題で悩み，殺伐としそうになる心を癒してもくれます。

　そんな青年たちを支え，彼らの生き方を励ますのが地域の父母住民の役割です。ある青年リーダーがこんなことを語っていました。

　　――親に反抗するようになりました。自分の部屋の壁をけとばしたりして穴を開けたり，暴れて本箱を壊したり，その辺にあるものに当り散らすようになりました。自分で自分の感情をコントロールできないのです。…両親に手を上げたときはさすがにやばいかなと思いました。…子ども会のおばさんたちは，『相談があるからちょっと聞いてくれる？』とか言って，子ども会の集まりの後に子どもの相談をされ，ぼくの意見を聞かれたりしました。『このおばさんたち，ぼくのことを大切に思ってくれているのだ』と，とてもうれしかった。母は口がうまく，ぼくは自分の思

いがうまく言えないし，反論できなくて，結局，暴れることになっちゃっていたのだと思います

　まだまだ子どもだと思っている親，一人前になりたいけど，どうしていいかわからない子ども，青年期にはよくある家庭での光景でしょう。子どもが大きくなればなるほど，視野がひろがればひろがるほど，小さな家庭の中での価値観だけで子どもを育てようとするのは困難になります。小学校・中学校ぐらいまではＰＴＡなどもあって子どもの問題を相談しあったり，他人の子にも関わって，育てあったりする機会は努力をすればそれなりに持てますが，青年期になり，「学校」という共通項がなくなるととたんに子育てが孤立してしまいます。そんな時に「地域」という共通項を持っている。しかも「この子ども会の子どもたちをいっしょに育てている」という意義のある共通項を持っていることで，子ども時代とは一歩進んだ質の高い親子関係や子育ての共同関係を持つことができるのです。

　混沌とした時代に生きる目標を見失いそうになる若者たちが少なくありません。小中学校を卒業してわずか数年先にはどの子も青年期のこうした問題にぶつかるのです。教師は，卒業後の子どもたちの生き様にも責任を持っています。「集団や社会の一員としてよりよい生活を築こうとする自主的，実践的な態度を育てるとともに，人間としての生き方についての自覚を深め，自己を生かす能力を養う」ことが本当に自分たちの教育実践の中でやりきれていたのかを，卒業後の青年たちの姿が示しているのです。教師は，子どもが一人前に育つ過程の重要な一歩を担っていると言う自覚を持って，広い視野と長期的な展望に立って，学校の教育力と地域の教育力をどう結びつけて，子どもたちの自己形成につなげていくのかを真剣に考えなければならないのです。

4　子どもたちに育つ「生きる力」と子どもたちの「生き方」

　あらためて，ここで自治的な異年齢集団の中で育つ力について整理をしてみ

ると次のような具体的な「力」が見えてきます。

---

❶自分と向き合って,「自分の意見を言う力」
❷みんなの意見を聞き取りきる「待つ力」「聴く力」
❸聞いた意見の要点を「要約する力」
❹みんなの意見を整理し,共通項を関連付ける「まとめる力」
❺意見の違いにも配慮しながら計画を「起案する力」
❻計画案を全員で確認するための「会議を運営する力」
❼計画を実行するために必要な仕事（課題）を認識し,係などの役割を「自覚的にとりくむ力」
❽課題をやりきるために,必要な「調べる力」「技をまねる力」「試す力」→科学的知識,知恵,技の獲得
❾遊びやゲームの「リーダーとなる力」
❿遊びや歌,ふりつけなどの子ども「文化創造の力」
⓫年上の人の生き方や考え方,思想から学び,自分の生き方や考えを振り返り,再構築しながら,「あこがれ」や「尊敬」を持って「理想に近づこうとする力」
⓬地域の中での自分の役割に気づき,積極的に地域の課題にかかわろうとする,「住民自治の主体者になる力」

これらは,いま子どもたちに求められている「生きる力」の具体的な中身と言ってもいいものです。次にそういう力が現実の子どもたちの諸問題にどう生きているのかを実際の子どもたちの姿から見てみることにします。

「生きる力」と子どもたちの「生き方」

現代社会の息苦しさに対する子どもたちの悲鳴とも言うべき「事件」や「問題」がたびたび社会的な関心を集めています。「いじめ」「校内暴力」「家庭内暴力」「非行」「不登校」など,この30年間で,量的にも質的にも深刻になっています。地域の自治的異年齢集団（組織）の中で,培った「生きる力」が具体的な子どもの問題の「解決」にどのように結びついているのかをいくつかの

事例から考えてみたいと思います。

いじめを乗り越える

「ぼくは、中二の十月ごろから二月ごろまで、中三の先輩グループに、目があったら殴られるイジメにあってきました。『おまえを見ているとムシャクシャする』みたいな感じで、毎日のようにやられていました。

この暴力を受けていたのは、ぼくだけでなく、耐え切れなくて登校拒否になった子もいました。ぼくも正直、学校に行くのがいやでした。でも、殴られながらほとんど無抵抗でがまんできたのは、うまく言えないんだけど…。

時には辛いこともあるけど

ぼくは、小学校一年のときから地域の『大空少年団』という子ども会に入っていました。毎週土曜日に団地の集会所に行くと、あそんでくれるお兄さんがいて、その中のKさんにとてもあこがれていました。

Kさんは、なんでも知っていました。なんでもできる人でした。ぼくの自転車がパンクした時も、タイヤをはずして直してくれたし、釣りに行く時も、ミミズのいるところの見つけ方も教えてくれました。大きくなったらKさんみたいな人になりたい、とずっと思っていました。

なんか、いつも、強くなれ、自分の行動に責任を持て、生きる力を持てというようなことを黙って教えてくれていたように思います。だから、殴られながら、ここで負けたらKさんに笑われる。Kさんみたいになれないと考えていました。だから、つらかったけれどがまんできたように思います」

学校は無謬(むびゅう)ではありません。多くの子どもたちが長い時間生活する場所です。多くのトラブルが発生することは当然になることです。その原因を子ども個人の問題に矮小化せずに「なぜ、学校でこういう問題が起こるのか」をきちんとつかんで学校全体で父母や地域の協力を得ながら解決していくことが必要ですが、学校の置かれた立場、そのシステムそのものに問題の根が潜んでいることも多数あるのです。社会の矛盾、教育の矛盾の中に学校も子どもたちも置かれ

ているわけですから，起こる問題を通して，ひとり一人がどう生きるべきかを考えあうことが重要なのです。

事例にあげた子は，中三になって「ぼくを殴った先輩の気持ちがわかった。ぼくだって，何も考えないかのような顔をして笑ったり，あそんだりしている後輩の顔を見るとむかついて殴りたくなってくる」と言っていました。中三の時の学校生活を彼は，こう語っています。

「国語の時間に漢字とかつっかえて読むと『こんな字も読めないで高校に行くつもりか？』と馬鹿にする。生徒指導室とかに数人ずつ呼び出して廊下を走ったとか，細かいことで注意をし，そのうち自分でエスカレートしてぼくらを殴ってくる。二者面談では『おまえなんか入れる高校あるわけないだろう』とまで言われました。『受験』という地獄でした」

教師個人の資質も問題ですが，現代の学校教育制度の中で，こういう空気が醸成されることがあることを忘れてはなりません。

不登校を乗り越える

　高校に入学して半年以上，ほんとうに学校がつまらなかった。一生懸命勉強して入学したけれど，何かつまらなかった。私は，中学生の頃，早く高校生になりたかった。自分の中での高校生活というものがすごくばら色だった。でも実際入学してみると，自分の考えていたものとすごくギャップが大きかった。…朝になると制服を着て，いつもの電車に乗って…いつものように同じ授業を受けている。何の変化もない日が何日も何日も続いた。友だちと話していても，『こんなこと話していても仕方ないから次の話をしよう』と考えたり，話しても会話にならなかったりもした。そんなのがものすごくいやになった。朝，いつものように家を出た。そして，ホームについても電車に乗らなかった。ずっとラッシュが終わる間で駅のベンチに座ってボーっとしていた。電車がだいぶすいた頃，学校とは反対側の電車に乗った。…その時は，自分が次に何をするのかぜんぜんわからなかった。

　…そして，夏の学校のことを思い出した。指導員会議で，『ことしは学校に行けていない子の参加が多い』と聞いたとき，まず思ったことは，たいへんそうだな，だった。これは，いま思うと相手に対して失礼な言葉だった。実際，7日間みんな

といっしょに生活して，どの子が学校に行ってないかなんていうのは，まったくわからなかった。みんなものすごく元気でパワフルだった。私は，少年団や夏の学校のような場には，ちゃんと個人個人の居場所みたいなものがあると思う。たとえば班会議でのひとり一人の感想や発言を聞いていて『あーみんな自分の意見をちゃんともっているんだ』と思った。ふだんの学校生活では，一人が意見を言えばみんなそれに賛成するパターンが多い。だから，ほとんどの人が『誰かがなにか言うからいいや』と考えていると思う。でも，夏の学校では，たとえどんな小さな意見でも発言すればそれについていろいろ考え，そして改善されて行く。お風呂に入りたいとか，廊下にゴミ箱を置くとか，荷物を整理しておくとか，ごくあたりまえのことだけどこのままにしておくと生活できない。一人でもそれに気づくとすぐ意見を出す。ここまでできるのには，一種の雰囲気をそれなりにつくらないと無理だけど，…みんな中学生だからそういう雰囲気も自然と作り出していけた

　子どもが不登校になる原因はいろいろでしょう。イジメが原因になっている子もいます。まわりの子どもたちや先生たちの示す態度に不信感や恐怖感を募らせていけなくなる子もいます。何がいやなのかわからないけれど，自分の存在感を感じられずに，居ても仕方がないという自己否定の気持ちで通えない子もいます。さまざまな原因がからまりあいながら，本人にも何が原因でどうしたらいいかわからずに学校に行けなくなってしまうのです。無理に行こうとすると心身にさまざまな変調をきたし，そのことでまた学校に足を向けることができなくなってしまうのです。

　ここで紹介した子は，自分が不登校になりそうになった時に，不登校で悩んでいる子どもたちといっしょに生活をしたことで，実は彼らが特別な子ではなく，そういう「雰囲気」さえあれば，自分の意見をしっかりと述べ，その実現に向けて努力をし，明るくがんばれる力を持っていることを感じ，そのことが自分の生きる力にもなっていることを全身で感じ取っているのです。

人間不信を乗り越える

　夏の学校へ行って，まず『ハジ』を捨てることを覚えました。レク係になって『はずかしい踊りをやらされるぞー』と言われた時に『やべえ！しまった！』と思いました。レク係の打ち合わせが始まった時でした。『明日の朝に何をする？』とみんなで相談して『ブータソング』という踊りをやろうということになって，朝のつどいの時，『はずかし～い踊り』をやりました。次の日も次の日も『銀河系音頭』や，ついには『ＴＯＴＯベンキ』などという踊りまでやって，本当にはずかしい毎日でした。だけど，踊っているうちに『はずかしい』が『楽しい』に変わっていきました。自分がどんどん変わっていくような気がしてなんだかとても楽しい気持ちに変わっていきました。

　６日目の夜のキャンプファイヤーが楽しかった。ものすごく大きな火になって，みんなと歌って踊ったのがとても楽しかったです。思い出に残る夏の学校でした

　中学２年生の男の子の感想文の一節です。最初は照れたけど，「恥ずかしい踊り」にはじけることで自分の中の何かが変わったと感じ，キャンプファイヤーでも「みんなと歌って踊ったのがとても楽しかったです」と感想を締めくくった彼。そんな彼の父親が話してくれたのは，次のようなことでした。

　　――息子は，今年の５月ごろからいじめなどが原因で学校に行かなくなってしまいました。死ぬことばかり考えて，高層アパートの屋上に何度も行ったり，先生に相談しても受け止めてくれないということで，誰も信じられないと，人間不信になってしまっていました。先生に触れられるのもいや，中学校の中に入ることも拒絶していました。無気力で夏の学校の出発の日も何の準備もしません。私が荷造りをし，送ってきました。

　　　夏の学校からの帰ってきた息子はイキイキとして，出会った友だちや，夏の学校のことを話してくれました。目つきも顔つきまでも変わったように私には見えました。人間への信頼を回復することができたと思えま

した。『先生が悪いんじゃない』といいながら金曜から始まった学校へ行き始めました

中三の夏休み，ファイヤーを囲んでの中三交流会で彼は，

——中二のとき周りの人にあうのがこわくなって，学校にも行けなくなった。自殺を考えて高いビルの上に登ってとめられたこともある。そんなぼくを心配したお父さんがこの夏の学校に行かないかってさそってくれたんだ。行く前は，学校の友だちとすらうまくいかないのに，ぜんぜん知らない人たちの中なんて，と思ったけど，開校式に来てみて，こんな明るいいい人たちがいるのかと思ったら，今まで自分は，何を考えていたんだろうと思って。人の目なんか気にしないで自分の思うとおりに生きたらいいと思った

と，仲間に打ち明けたのでした。

学校の友だちや先生との関係に悩み，苦しみ，絶望し，孤独感の中で「死」も考えた彼が学校に通いだしたことの内面に，「ありのままの自分でいいという安心感」「何をしても馬鹿にされないという仲間への信頼感」そして「みんなと楽しむ喜び」「自然のままに生きることのすばらしさ」が「生きる力」となって芽生えたことが「死」をも思いとどまらせる力になりました。

前節の彼女は，人間を人間らしくさせる「一種の雰囲気」が地域の異年齢集団や自治的な活動を大切にしている夏の学校の中にあるということを言いました。そして，それは普段の学校の中ではなかなか感じることのできない雰囲気であることも感じています。その２つの雰囲気の違いを彼らは行き来しながら，日常の学校や地域や家庭の中で自分はどう生きていったらいいのかを考えるのです。現代の学校教育や社会の醸成する空気は子どもたちにとって優しく健康的なものだとは，とても言い切れません。教員一人ひとり，父母一人ひとりの努力をはるかに超える，ものすごく大きな力で汚染されつづけていると言っても過言ではないでしょう。そんな中でともすれば無力感を感じ，自己を否定してしまう子どもたちに「みんな同じ苦しみを背負っているんだ」「でも，その中で

明るく生きていこうとしているんだ」という「仲間」の存在を深く心に刻み込むきっかけを幅のある異年齢集団だからこそ作り出しています。もちろんそこには，「一人ひとりの人権を尊重し，意見の表明と，自己実現の過程を保障する」という子どもの権利を守り，発展させる視点が貫かれていればこそですが。

人間としての生き方を考える

小さい頃からK市のたけのこ少年団という子ども会に参加をして育ち，大学入試や教員採用試験では何回も挫折を味わいながらも，念願の高校の先生になった女性が語った「教師としての私の原点」です。

──私は今，愛知県にある全寮制の高校で教師として，寮の職員として働いている。学校が決めた校則は一切ない。学校の主人公は生徒たち。寮生活も学校生活も自分たちが話し合って決めたルールに基づいて運営をしていこうという学校だ。様々なイザコザや生活規律の乱れなどいろんな問題を抱えながら試行錯誤を重ねる中で毎日が過ぎていっている。

教員採用試験を何度受けても受からなくて，一度は教師をあきらめた私だった。でも，少年団や少年少女センターの行事の中で関わってきた中学生・高校生たち。彼らが語る学校や先生たちの姿。『真剣に話なんかしてもしょうがないよ。だって，僕らのいうことなんか先生達は十分の一も聞いてない。あーまたなんか言っているよって思っているモン』『友だちだって同じ。自分の損になることには関わらない』『学校ではまじめなことを言えば言うほど自分が傷つくんだ』…こんなことでいいんだろうか？

学校が，先生たちがなんか変だ。このままでいいのかなぁ。そんな思いが年々強くなってくる。自分一人の力なんて大したことないけど，もう一度やってみよう。こんな子どもたちの声をそのままにしちゃいけないよなぁ。

そんなところから再度，『教師』という道へのチャレンジがはじまった。

生徒が主人公。こう公言しているこの学校には今，四百名近い生徒が親元を離れて生活し，学校生活を送っている。ここに来るまでのあいだに不登校を経験した子どもたちが八割。教師や親に極度の不信感を持つもの，友人関係が作れず，ずっと孤独感を持った中で「いつか誰かに傷つけられる恐怖」におびえている子。いろんな心の痛みを背負って山の中のこの学校に集まってきた。もちろん前向きに『自分たちの自由な学校を作る』という目的で入学してきた生徒たちもいるが，多くの子どもたちがはじめの一歩を出すために，人並み以上の緊張と恐怖の中で自分と戦っている。

　はじめは必死になって毎日を送っていただけだったけれど，このごろ痛烈に感じることがある。それは「もし私が，少年団や少年少女センターや夏の学校と，そこで一生懸命に生きている子どもたちと出会わずにここにきていたらどんな教師になっていただろう」ということだ。

　生活が慣れてくると人間は気遣いに欠けてくる。自分だけの価値観で考えていると子どもたちの必死さが伝わってこなくなる。『これくらいのことができないでどうする』『これくらいできて当然なのにこいつらは…』なんて言葉が平気で出てくるようになる。

　もしかしたら自分の思いや気持ち優先で『私がこんなに考えているのに』とか『言ってもわからないやつはほうっておけばいい』なんて，平気で考えるような，そんな大人になっていたかもしれない。つい，こんな感覚で生徒を傷つけているときが現実にある。

　そんな自分に気がついて，本当にいやになるとき思い出すのが夏の学校の子どもたちのことだ。

　『学校はいかなくちゃ』そんな私の言葉に泣き出してしまったあの子。彼女だって必死に生きてきてそれでも足が向かなかっただけなのに。結果として行き始めた学校。いつも玄関で繰り返していた『学校はいかなくちゃ』の言葉。支えるつもりの私の独りよがりの言葉が彼女を追いつ

めていたのかもしれない。でも，彼女が学校に行き始めたことは私にとっての喜びだった。

いろんな子どもたちがいる。それは，夏の学校もここも同じ。一週間だから一日一日が大切なのではない。子どもにとっては同じ一日のはずなんだから。そして，その時々を懸命に生きているのだから。

子どもたちに勇気を求めるのならまず自分が勇気を持とう。子どもたちの気持ちを慣れきった生活の中で受け流してしまう，そんな生き方だけは，そんな教師にだけはなりたくない

学校だけの物差しや価値基準だけではない，もうひとつの物差しと価値基準を持っているということ，しかもその物差しが，人間として失ってはならない，互いの尊厳と権利を守り，発展させるという理念にもとづいて，立場や世代を超えた幅広い人たちのつながりの中で実践して行く活動の中で示される生の人間の声や姿であるということが「教師としての原点」「教師として何をしなければならないか」と自分の生き方を振り返り，考える力として働いています。

あらゆる場面が「学校ナイズ」され，遊びにすら企業が作り出す価値観に振り回されている子どもたち。そして大人たちの生活を思う時，子どもたちはもちろん大人たちの中にも，この「もうひとつの物差し」が育つことの意味は計り知れないくらい大きなものがあります。その「もうひとつの物差し」を育てくれる可能性を地域の異年齢集団作りの活動は秘めているのです。

子どもたちの成長・発達の危機がだれの目にも明らかになる中で，注目されることの少なかった地域や家庭教育のありかたにまで「具体的」に触れる答申や提案，施策がさまざまに行なわれつつあります。それは，それで大事なことですが，しかし，なぜ，子どもたちの地域生活や家庭生活が崩れてしまったのか，その根本の原因がどこにあるのかに目をつぶったまま，親や住民の責任に原因を矮小化・転化し，親や地域ががんばればいいというような風潮もまた国や行政から意識的に作られています。この節であきらかにしたように現代の子

どもたちの危機は，すなわち親たちの生活の危機であり，かろうじて住民によって支えられてきた地域の教育力完全崩壊の危機でもあるのです。ともに危機の中にある子ども・父母・住民が手を取り合って，その危機の内容と原因を探り，ともに解決への道を自覚的に歩みだすことがいまなにより求められていることでしょう。そして，学校は，主権者たる国民を育てると言う憲法・教育基本法の精神を忘れることなく，問題解決のための住民活動・地域子ども集団（組織）作りの活動をどのようにサポートできるのかを真剣に考える必要があります。そういう点で「特別活動」による「儀式」「行事」「生徒会」などの活動を地域との連携で充実させることがひとつの切り口になると思います。

【参考文献】
少年少女東京センター編『山で見つけた！いのちと友だち』新樹社，1997年
文部科学省『平成10年度改訂版　小・中・高等学校指導要領』
少年少女東京センター編『いじめ問題討議資料集』

6 体育・スポーツと特別活動

笹本 重子

1 体育と特別活動

学習指導要領に位置付けられる体育

学校教育における体育に関する指導は,学習指導要領第1章総則第1教育過程編成の一般方針3に〔学校における体育・健康に関する指導は,学校の教育活動全体を通じて適切に行うものとする。特に,体力の向上及び心身の健康の保持増進に関する指導については,保健体育科の時間はもとより,特別活動などにおいてもそれぞれの特質に応じて適切に行うよう努めることとする。(後略)〕(中学校学習指導要領より)と記述されている。体育指導は,保健体育科,特別活動ほか学校教育活動全体で行うこととして位置付けられていると言うことである。国語科も数学科も教員は誰もが体育と健康に関する指導をするように学習指導要領が示している。

特別活動と体育的活動

学習指導要領の第4章特別活動では,体育やスポーツは,第2内容C学校行事(3)健康安全・体育的行事に次のように位置付けている。

〔心身の健全な発達や健康の保持増進などについての理解を深め,安全な行動や規律のある集団行動の体得,運動に親しむ態度の育成,責任感や連帯感の涵養,体力の向上などに資するような活動を行うこと。〕

健康安全に関する行事は健康診断，疾病予防，交通安全を含む安全指導，薬物乱用防止指導，非常災害の際に備えての避難訓練や防災訓練，健康・安全や学校給食に関する意識や実践意欲を高める行事であり，体育的行事は，運動会（体育祭），競技会，球技会などが考えられる。

　体育に関する行事は，家庭や地域との結び付きの強いもの，他校や他機関との関連において実施するものなどがあり，これらの機会を通して，相互の理解や連携を促進することはもとより，積極的に改善を図るなど，学校行事として，また生徒の集団活動としての教育的価値を高めるよう配慮しなけらばならないと記述されている。さらに，体育的行事のねらいとしては

（1）　体力・気力の充実など，心身の健全な発達に資するとともに，スポーツや運動に親しむ資質や能力を育て，生涯にわたって実践する習慣を身に付ける契機とすること。
（2）　競争や協同の経験を通して，公正に行動し，進んで規則を守り，互いに協力して責任を果たすことなど，社会生活に必要な態度を養うこと。
（3）　日ごろの学習の成果を学校内外に公開し，発表することによって，学校に対する家庭や地域社会の理解と協力を促進する機会とすること。

の記述がある。

　学習指導要領には〔学校行事は，全校又は学年を単位として，学校生活に秩序と変化を与え，集団への所属感を深め，学校生活の充実と発展に資する体験的な活動を行うこと。〕とある。学校行事はその内容が多彩で行事それぞれが様々な特色をもっているので，学校の実態に即して創意工夫を十分に活かした活動を行い，生徒の学校生活をより明るく楽しい，より豊かな充実したものにすることが大切であるとガイドされている。

　学校行事は「開かれた学校」を具体化する中心となる教育活動である。そしてまた，運動やスポーツもまた開かれた場で行うと言う観点から公開的な特性をもち合わせている。

2　運動会を創る―いきいきした運動会をめざして―

運動会とはどんな行事か

「運動会にどんな想い出をもっているか」という質問に，女子大生の回答は徒競走，玉入れ，赤白，家族，お弁当であった。小学校の頃の楽しかった思い出だそうである。中学校，高等学校になると「体育祭」になり，学級全員で走った大ムカデや全校女子生徒のダンスパフォーマンス，男子の棒倒し，騎馬戦が印象的だと追加した。やはり体育祭は楽しくて好きな行事だったそうである。

運動会や体育祭に楽しかった想い出をもっている人は，大方が活躍できた人であろう。運動会の花形は何と言ってもリレーである。特にアンカーともなれば全校の注目の的であり，勝っても負けてもスターである。そもそも，運動会の代表種目のリレーのアンカーには運動能力の高い生徒以外は選抜されえない。

本人も充分に自覚しているので，学級の期待を一身に受けて力走を見せることになる。運動会は運動能力の高い生徒が活躍する場なのである。しかし，そのスターを応援して声をからした人も運動会を楽しめる生徒である。応援旗を振ったり，鳴りもので声援を送るなど，走者と同様の興奮を味わえる。いったいなぜであろう。

運動会というと仮装レースが強烈な印象となっていることもある。担任を仮装させるそのスピードと出来栄を競ったり，また，自分たちがテーマやストーリーにそって仮装して行列したところを採点される競技である。いずれも当日の出来栄以上に事前の準備に夢中になり，他クラスの様子を探ったり隠したりとレクリエーション的な要素が強く，勝敗そのものよりどんな仮装で誰がどうしたこうしたといった思い出話しのネタとして運動会が語り継がれていく。

運動会の原形は1874（明治7）年3月に海軍兵学寮で行った「競闘遊戯」，1878（明治11）年の札幌農学校での「遊戯会（この名称が表されたのは翌12年」，1881（明治14）年に体操伝習所において始められた「体操術演習会」といわれている（木村吉次編著『体育・スポーツ史概論』市村出版，2001年）。これ

らが Athletic Sports のはじまりである。運動会のプログラムにはトラック・アンド・フィールドの各種目の他に，競技種目として石投げ，玉投げ，障害走，いも拾い等と記録されている。真剣さの中に，ユーモアを感じる。つまりこれは能力だけの披露ではなく，時の運が勝敗を決めることもある即興的な娯楽としての祭なのである。この考え方が，日頃の身体鍛練の披露と余興的な楽しさが今日まで「運動会」として脈々と受け継がれてきた本質なのである。

　運動会は今も昔もパターン化されている。開会式があり，徒競走，職員レース，ＰＴＡ種目，閉会式というこのパターンは内容的に大差はない。しかし，変革されずに明治時代以降引き継がれた行事としての意味は大きい。行事の精選が重大視されている昨今ですら運動会が生き残るには，そこに多大な教育的な価値が認められているからに違いない。

　しかし，運動会は楽しくて愉快な経験者ばかりではない。運動会が近づくと，雨が降ればよいと祈った子どももいたのである。運動が苦手な生徒は運動会が苦痛でしかない。授業だけでの優劣なら多少は我慢もするが，大勢の保護者や地域の人々の前で不様な格好をさらすことは自分自身が許せないことなのである。親や教師は「精一杯やればいいんだから」とはいうものの，途中でころんだり，バトンを落としたり，抜かれたり，，，これがチームの得点に絡んでいて，勝敗に関わろうものなら，雨で中止になったらどんなによいかと思うのである。

　運動会はいつも行進とラジオ体操の練習ばかりで，体育科の先生に叱られた思い出しかないという子どももいる。騎馬戦を楽しみにしていたら，危険だと言う理由で中止になったとか，運動会も授業の延長上の行事なのだから，レクリエーション的内容は不適当である。したがって，陸上記録会に形が変わった。等々，運動が得意な生徒であっても楽しい印象をもち合わせていないこともある。

　運動会は誰のためにあるのか。そして，誰がやる行事なのか。運動会を企画する教師がいて，実施する生徒がいる。企画側にたった行事なのか，実施する側の行事なのか。焦点が変わると，運動会の内容は一変する。

教師の運動会

　運動会を「平素の学習成果の場」として位置付け，運動面にのみ着目すると体育科教師の出番が増え，他の教科の先生たちは準備でカットされる授業に対して不満を持ち始めることになる。運動会のための学年練習や全校練習になぜ自分の授業がつぶされるのか。進学や受験にからむ教科としては授業カットは大きな問題である。生徒指導という名目でグランドにいなければならないことに疑問を持つ教師が多勢になると，やがて体育科は孤立化する。体育科は学校行事として運動会を企画・運営しているつもりであっても，学校が組織的に動かなければ大行事である運動会の実施は難しい。企画者は生徒の動き方だけだはなく，教師も自主的に活動できる役割を分担する必要がある。

　体育的行事は運動会だけとは限らない。体育科の教科で指導された陸上競技を学校全体で扱うのもよい。陸上競技会に形をかえてもそこにいきいきと活動する生徒と教師の姿があればよい。

　東京でオリンピックが開催された1964年ごろ，小学校の運動会から徒競走が消えた。廃止したのである。それまで運動会の定番の徒競走は，走る子どもと応援する家族が一体化する花形種目であった。しかし，一方で走る前からビリになる子どもへの配慮が様々検討された。解決策として，身長順のスタートではなく，あらかじめ事前に生徒全員のタイムを測定し，等質のグループを作って競走する方法とした。これで走る前から着順が決まることの対策ができると考えたが，実際には十分に解決できなかった上に，教師の事前の煩雑な労力や走る子どもと応援する家族にとって徒競走本来の面白さが半減すると言った欠点が露呈したのである。教師集団は教育的な配慮と教育的な意義の矛盾に大いに悩み，考え，そして，学級の成員全員でリレーする「学級対抗全員リレー」となっていった。この方法で集団の走力を評価することになり，走ることの得意な生徒は苦手な生徒にアドバイスしたり，コツを教えたり，走者順の作戦を立てたりと，生徒が主体的に取り組む徒競走になったのである。その後，アイディアマンの教師たちによって，走る距離に変化をつけたり，ハードルや平均

台などの障害物をおいたり，二人三脚を織りまぜるなどの工夫により，学級の力を出し合って取り組む運動会が実現した。

運動会の教育力を認めない，認められない企画は教師の横暴である。これは実は教師が運動会をやりたくないだけなのである。教師自身が運動会と言う行事の教育的意義を理解していないだけだはなく，教師が自発的に活動できなくなっているにほかならない。

みんなが喜んで参加する運動会

生徒はみんな違っている。それがよい。運動の得意，不得意だけで評価するような教育はしていないのだから，教師はもっと自信をもって運動会を企画すべきである。いきいきとした運動会を目指すとよい。みんなが喜んで参加する運動会を創ればよい。このみんなとは生徒と教師とそして保護者や地域の人々を指している。

運動会のもう一つの教育的意義に「家庭や地域の人々との連携」が挙げられる。かつての良き時代を象徴する一つの図柄に，万国旗の校庭とゴザの上でお弁当を頬張る家族の団らんがある。子どもの成長を親子で確かめ，地域が承認する行事が運動会であった。今もその観点は広く引き継がれている。地域に開かれた教育の一端を運動会で示す学校の姿勢は，子どもたちは地域によって育てられることを意味し，また，子どもたちの生き方教室の実践の場としてのとらえかたである。

3 体育大会実施計画案

体育的行事の実際

体育的行事の名称は学校によって違うが，一般的に「運動会」は小学校，中学校で使用され，高等学校では「体育祭」となるようである。東京都西部にあるH市には現在36校の中学校があり，2002（平成14）年度の体育的行事に関しては次のようであった。これらの資料を参考に，中学校を対象にした体育的行事，「体育大会」の実施計画案の例を示す。

体育的行事の名称	体 育 大 会	14校
	運 動 会	7校
	体 育 祭	15校
実 施 日	土 曜 日	29校
	日 曜 日	3校
	その他平日	4校
場　　所	学校の校庭	35校
	地域の陸上競技場	1校

体育大会の企画

中学校では，校務分掌の中に行事委員会が設置されていることが一般的である。また，職員数が多い学校では，行事委員会も特別活動の内容に合わせて儀式的行事委員会，学芸的行事委員会，体育的行事委員会に分化して設置されている。これらの委員会は各学年から人選されて編成され，教科のバランス等が配慮されていることが多い。

体育大会の企画は，この体育的行事委員会で原案を作成するの基本であるが，委員長は事前に副委員長等と大綱案を練ることが重要である。その資料となるのが前年度の評価と申し送り事項である。行事が終了するごとに，担任指導の下で学級活動による反省会が行われる。生徒会活動においても担当顧問の指導で本部役員と学級代表委員とで行事を評価し，次年度への課題を明確にして申

し送る。職員会においても同様である。期日はどうか，ねらいはどうであったか，形式は，生徒指導の問題点は何か，競技種目は体力や能力等の実態に応じた内容であったか，などなど一つひとつ丁寧に点検し，反省して次年度へ申し送る。この資料を骨子とし，今年度の特徴を検討する方法が望ましい。

　体育大会を通じて，集団への所属感を深めたい。そのために学級活動と連携を図りたい。また，学校生活の充実と発展に資する体験的な活動としたい。したがって，生徒会活動と連動したい。さらに家庭や地域との連携も深めたい。これらの願いを折り込みながら体育大会の実施計画案が作成されていく。以下にその一例を示してみる。

体育大会実施計画（案）

体育行事委員会

1　日　　時　2003年6月7日（土）　雨天順延
　　　　　　　午前8時30分～午後3時30分
　時　　程　生徒席に着席完了，出欠確認　8：25
　　　　　　入場準備完了　　　　　　　　8：30
　　　　　　入場行進開始　　　　　　　　8：30
　　　　　　開会式　　　　　　　　　　　8：45
　　　　　　演技開始　　　　　　　　　　9：00
　　　　　　昼休み　　　　　　　　　　　12：00～12：45
　　　　　　午後開始　　　　　　　　　　12：50
　　　　　　演技終了　　　　　　　　　　15：15
　　　　　　閉会式　　　　　　　　　　　15：15～15：30

　雨　天　時　6月7日雨天➡10日の授業　　8日実施　　10日振替休日

6　体育・スポーツと特別活動

　　　　　　　　7日，8日雨天➡9，10日の授業　10日実施　11日振替休日

|2|　場　　所　　本校グランド

|3|　ね ら い　①普段の体育的活動を発展させ，心身の健全な発達を高める機会として役立て，集団行動などの規律ある態度を養う。
　　　　　　　②生徒の企画・運営・練習・競技を通じて主体的に活動する能力を高める機会として役立て，積極的に参加する態度を養う。
　　　　　　　③行事を創る喜びを味わせると同時に，学級づくりの機会として役立て，全校的に協力し合う態度を養う。

|4|　運　　営　　実行委員会を組織して計画・運営にあたる。
　　　　　　　①職員（体育的行事委員）
　　　　　　　②生徒（生徒会役員7名＋各学級の体育委員30名）

|5|　内　　容　　①得点種目（選手種目，学年種目，全員リレー）
　　　　　　　②非得点種目（組立体操，マスゲーム，フォークダンス）
　　　　　　　③その他の種目（職員レース，ＰＴＡ種目，プロムナード）

|6|　形　　式　　①色別（縦割り学級集団）対抗
　　　　　　　②学年別学級対抗

|7|　表　　彰　　色別（賞状）学年別学級（カップ）とも優勝，準優勝まで表彰

|8|　学級の色　　1組　赤　　2組　黄　　3組　緑　　4組　青　　5組　紫

|9|　服　　装　　①競技中は学校の授業で着用しているシャツとパンツ，学級色のはちまきをつける。
　　　　　　　②シャツには胸と背にゼッケンをつける。
　　　　　　　　ゼッケンは1年赤，2年緑，3年黒番号とする。

10 応　　援　　学級から応援係2名（男女各1）を選出。

　　　　　　　　色別に6名の応援係が中心になり行う。

　　　　　　　　詳細は実行委員会応援部で作成する。

11 係と生徒組織

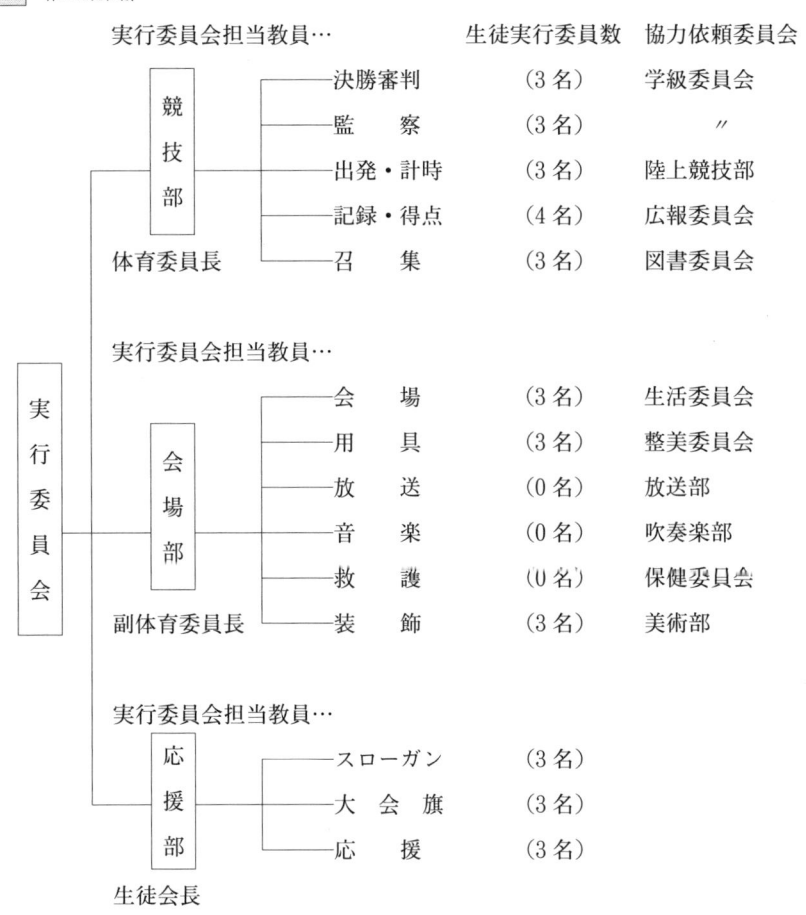

```
            実行委員会担当教員…           生徒実行委員数   協力依頼委員会
                     ┌── 決勝審判        （3名）      学級委員会
                     ├── 監　　察        （3名）         〃
              競技部 ├── 出発・計時      （3名）      陸上競技部
                     ├── 記録・得点      （4名）      広報委員会
        体育委員長   └── 召　　集        （3名）      図書委員会

            実行委員会担当教員…
                     ┌── 会　　場        （3名）      生活委員会
                     ├── 用　　具        （3名）      整美委員会
   実行        会場部 ├── 放　　送        （0名）      放送部
   委員会             ├── 音　　楽        （0名）      吹奏楽部
                     ├── 救　　護        （0名）      保健委員会
        副体育委員長 └── 装　　飾        （3名）      美術部

            実行委員会担当教員…
                     ┌── スローガン      （3名）
              応援部 ├── 大　会　旗      （3名）
                     └── 応　　援        （3名）
        生徒会長
```

12 得点種目　①選手種目名と選手人数

　　　　　　②出場制限

　　　　　　③学年種目

　　　　　　④得点一覧

13　会場図　省略

14　開・閉会式　①入場行進の方法
　　　　　　　　②フィールド内の隊形，生徒代表宣誓の隊形
　　　　　　　　③式典の内容
　　　　　　　　④閉会式の隊形
　　　　　　　　⑤成績発表他式典関係

15　プログラム案

16　係分担と仕事の内容

係		全日までの仕事	当日の仕事	担当職員	実行委員と係生徒
大会長		統括	統括	校長	
総務進行		案内状，礼状作成 進行，連絡調整 プロ発注 その他全般	全体指揮，進行 開，閉会式 進行記録	教頭 笹本・磯部	実行委員リーダー
競技部	決審	ルール作成他	決勝審判	樋口・橋	学級委員
	監察	競技場作成	監察	岡崎・井上	学級委員
	出発	コース抽選	出発合図	千田	陸上競技部指名
	計時	用具，用紙準備	計時	村田	陸上競技部指名
	記録	選手名簿作成	記録得点連絡	加藤	広報委員
	得点	得点板作成，集計	得点表示	中島	広報委員
	召集	召集計画	召集，誘導	荒川	図書委員
			省略		

17　準備日程　省略

18　その他

「日時」は前年度中に決定した年間計画に示されている。時程は平常の登校時間から下校する時間内で計画する。屋外で実施する場合に心配なのが天候である。そのために雨天時の対応を講じる必要がある。梅雨や秋の長雨，台風といった気象状況に照らした見通し計画に対して，中止や決行の判断基準やその決定者に関してもあらかじめ計画しておくが，大会の統括者である学校長がその任に当たる組織づくりが大切である。

企画で重視したいこと
育てる

「ねらい」が重要である。学校教育目標や特別活動の目標，生徒の実態，保護者の願い，教師の願いがねらいになるが，文言の体裁を整えることは容易い。問題はそのねらいが計画の随所に反映しているかどうかである。形式や内容がねらいの1番を保証するようになっているか，運営の方法や組織がねらいの2番に対応するように計画されているか，といったことが極めて重要である。

特に，中学校では生徒に企画や運営を任せる部分を増やしていくことが大切であり，このことはねらいに明確に位置付けたい。しかし，これは文章ほど容易なことではない。生徒の経験や能力と言った実態を十分に理解した上での指導が不可欠である。リーダーにしたい生徒を教師はマンツーマンで支援しなければならない。その方法は多種多様であるが，生徒の活動する場面を設定すれば生徒はかなり力を発揮するものである。教師のアドバイスが的確であり，それによってうまくできたと言う実感がつかめるような場面づくりも教師の支援のひとつである。うまくできたときに誉めることは最大の支援法であろう。生徒によっては自主的に柔軟な視点から発想できることがある。このような活動には時間がかかり，合理的でないと言う現場の雰囲気があったとしても，確実に育っていく生徒の姿は認めざるを得ないものである。行事を通して生徒を育てると言うことの一例でもある。運動種目で活躍できなくても，行事を創る場面で活躍できる生徒がいることを重要視したい。また，活躍できる生徒は一人

ではなく，多数いることも忘れてはならない。一人の生徒を複数の教師で育てることもない。各パートごとに，各学年ごとに，といろいろなセクションで子どもを育てる機会とするべきである。各教科指導でより行事を通しての方がずっとたくましく優しく生徒は育つのである。

縦割りにおける社会性

対抗戦と言うと紅白のイメージが大きい。これが原形であり代表的な形なのである。運動会を紅白にすると単純で明解な利点はあるが，盛り上がりに欠け，面白さが半減する。

クラスカラーをもった縦割り集団では，上級生による下級生指導が何とも頼もしく，逞しい場面である。もちろんこれにも指導者の綿密な指導の延長線上にあることは必須である。

下級生にとって上級生による経験の伝達は，残念ながら教師の講話よりも信憑性は高く，信頼度も厚い。いつも先生の言う通りにしていた子どもが，自分たちで何かを創ることと出会う瞬間である。上級生のリーダーシップに圧倒され，将来の自分の姿を重ね合わせて憧れの先輩と可愛い後輩の友好的な交流がはじまる。

上級生にとっても下級生を指導する機会を通じて上級生としての自覚が深まり，協調性や責任感を身につけられる。特に，生徒会活動として各学年の代表者でつくっている特定のセクションでは上級生の仕事ぶりをみて，下級生は仕事の内容ややり方を理解していく。共同で実践しながら確実に下級生に引き継がれていき，新しい発想も時には生れてくる。

この望ましい異年齢集団との交流は，その後の学校生活のあらゆる場面で自発的，自治的な活動として活かされる動機づけとなることが期待できる。軌道に乗るまでは双方の担任等指導者の温かい眼差しと適切な援助が不可欠である。

責任感や連帯感の涵養

　運動会の盛り上がりは何と言っても得点種目である。陸上競技の正式種目はスキルの高い選手が競ってはじめて行う者も観戦する者も楽しい思いを共有できる。走る前から順位が分かってしまうような種目は興味が薄れる。しかし，走能力は短期間になんとかなるものでもない。そこで日頃の取り組みが成果としてあらわれる内容の種目があるとよい。

　前述した全員リレーの発想である。二人三脚リレーなどというのもポピュラーである。他にもムカデレースなど個々人の技能の向上と同時にチームの協力や団結，助け合い，リーダーシップなどが必要とされ，さらにその取り組みを通して集団としての質の向上が期待できる種目内容が望ましい。適度の難度があり，事前の練習が決め手になるような団体種目は，緊張感もあってなかなか面白い。学級全員による種目であれば，スケールが大きいばかりではなく，それまでの男女間でのトラブルなどが当日以外のところでドラマとなり，それらを乗り越えた成就感は勝敗や順位とは別の感慨を生み出す。一旦つかんだ連帯感はこの日だけに留まることはない。

　運動会はその学校独自の雰囲気がある。来年は何をやるのだろうかといった期待感と，来年はあれができるといった期待感は生徒ばかりでなく，保護者にもある。伝統種目として位置付けられている団体競技や集団演技を行っている学校では，卒業生が密やかに楽しみにしていると言う実態もある。

4　盛り上げる演出　総合学習としての運動会

　学習指導要領は，特別活動の指導計画作成と内容の取扱いの2の(3)で，「学校行事については（中略）実施に当たっては，幼児，高齢者，障害のある人々との触れ合い，自然体験や社会体験などを充実するよう工夫すること」と示している。これまでも運動会は開かれた教育の場であり，家庭と地域社会との連携を図ってきたが，より一層の期待が寄せられている。

運動会を盛り上げる工夫は様々である。小学校の先生にはアイディアマンが多い。中学校でもスローガンを全校生徒から募集して投票で決めたり，大会旗の図案を募集し，決定すると歴代大会旗として入場門周辺に展示するといった工夫も見られる。縦割り集団の決意やスローガンを垂れ幕にして開会式のセレモニーとして校舎の屋上から下げるとか，入場行進中のシュプレヒコール，学級の応援旗，応援合戦などなど長い歴史と伝統のある運動会での演出は限りない。斬新なアイディアもよろしいが，生徒の個性や能力が発揮できる内容の検討も大切である。体験学習で創った和紙で手作り賞状，地域への案内ポスター，招待状の作成，運動会当日に行う地域交流種目のメンバーによるプレ競技会，運動会ＰＲとして地域清掃など，生徒会活動と連携を図ると生徒のフレキシブルな発想が期待できる。

　運動会はこうあるべきであるといった形式や内容を整えることにばかり重点を置くと，質の高い集団はできない。教師も「遊び」や「遊び心」がないと行事を創る面白さ，楽しさ，喜びをえられない。教師が味わえない喜びは生徒には通じない。運動会は体育科が中心になることはあっても，体育科の行事ではなく，その学校の教師と生徒と保護者と創る行事なのである。必然と運動会の競技種目の指導ばかりが運動会指導ではないことは明瞭である。こんな観点からも地域住民は運動会を通して学校を評価しているのである。

　家庭と地域への事前案内として「学校便り」や「ＰＴＡ通信」「学級だより」などの広報に文章を寄せることも忘れずにいたいものである。

　　資　　　料　…体育大会に寄せて

体育大会に寄せて

　季節は夏に向かっています。六中でも６月７日の体育大会に向けて，全校を上げて練習や準備に熱くなっています。

　今年の体育大会も昨年と同様，学年別対抗と色別対抗（各学年共通で１組赤，２

組黄，3組緑，4組青，5組紫 の5色に別れた縦割の集団）で行います。

　3年生は作戦を1・2年生の兄弟学級へ伝えたり，当日の応援の方法を秘密練習したり，どの学年よりもいち早く朝練習に取り組んだりとあらゆる場面で頼もしいリーダー性を示しています。2年生は昨年の経験を生かし，選手決めをはじめ練習への取り組みに逞しさを見せています。1年生は戸惑いと期待に初々しさ感じます。どの学年もそれぞれの立場で張り切っています。

　前回好評を得た男子の組立体操も，気合いの入った演技ができるようになってきました。女子は今回は264名が白い輪を持ったマスゲーム（集団演技）に挑戦します。いずれの集団演技も仕上げの段階に入りました。

　各学級が大会に寄せる思いやクラスの団結をシンボルにした応援旗を作りました。大会当日女子の体育委員がこれを掲げて入場行進します。今年の大会スローガンは「風になれ　この手に勝利をつかむまで」です。初夏のように清々しく，若いエネルギーが燃える熱い一日が6月7日に来ます。どうぞ御期待下さい。そして，こころゆくまでご声援下さい。

5　担任としての取り組み

運動会と学級づくり

　体育大会の楽しいところは何と言っても勝った負けたという勝負に関わる要因である。したがって対抗する「形式」は生徒にとって重要なポイントである。学級担任にとってもこれを上手にとらえれると学級づくりがスムーズにいく。

　学校行事は日常生活のアクセントとなる。いつもと違うことにエキサイトできる生徒は少なくない。人は本質的に競争欲求を持ち，競争することそのものを楽しんだり，卓越性を求めて努力する活動は心地よさを覚える。このような特性は技能上達の欲求や勝利追求の欲求を刺激するものであり，社会的承認や自己実現の欲求を満足させることができると言われている。

　体育大会の対抗形式が学級を基本とした集団であることが重要である。それはその学級の成員にとって自己中心的な行動を抑え，集団に共通する利益のた

めの役割分担とその遂行が重要な条件となってくるからである。ここに学級の協同性や連帯感，責任感と言う社会的ルールやマナーの実践の場が生まれてくる。集団所属の欲求は充足されると居心地のよい学級となり，自己実現の場となりうる。

体育大会は開かれた場での活動であるため，やるならうまくやろうと言う気持ちと，うまくできないならやめておこうという相反する心理が働く。生徒はもちろん教師にもある。したがって希望の結果を得るために過程を重視する方針を打ち出し，取り組み方を学級活動とするのがよいであろう。

学級活動の展開例

　　　　　　　　学 級 活 動 指 導 計 画

1	対 象 学 年	中学校2年生
2	テ ー マ	体育大会への取り組み
3	テーマ設定の 理 由	中学2年生は中だるみの学年の異名をもっている。しかし，体育大会には情熱的に取り組む生徒も多い。中堅学年として体育大会の意義を考えさせ，兄弟学級の架け橋となれるよう，積極的な参加の仕方や協力の姿勢をもたせたい。 また，行事を創る喜びを味わせ，体験する諸活動を通して今後の日常生活に自己を生かす能力を発揮させたいと考え，テーマを設定した。
4	指導のねらい	体育大会の実施計画案に示されたねらいに準じ，学級では運動会の在り方を理解させ，参加意欲を高める方法を工夫する。 また，学級応援旗の図案，選手種目の選出，応援の方法等，上級生・下級生と協力して体育大会を充実させようとする意欲や態度を育てる。

5　指 導 計 画

内　　容	活　動　例
1；体育大会の取り組み	実行委員会からの資料説明 イメージつくり クラス目標の設定とルールづくり
2；応援団の選出	応援係の選出 応援旗の図案，スローガン作成 応援の方法
3；選手選出	上級生からの説明と作戦 下級生への伝達 作戦会議

6　本時の指導

　　（1）活動のテーマ
　　　1回目「体育大会の取り組み」
　　（2）本時のねらい
　　　学級の目標やルールを決め，中堅学年としての取り組み方を自覚させる。
　　　実行委員会から依頼のある項目について検討し，積極的に参加するムードを高める。
　　（3）事前の指導
　　　実行委員会のメンバーに伝達事項と依頼項目等の説明の仕方を指導した。
　　　本日発行の学級通信に，体育大会の要項を記載した。

6　体育・スポーツと特別活動

7 本時の展開

	活動内容	学習活動と予想される生徒の反応	担任の支援
はじめ	・はじめの挨拶 ・学級通信配布	・静かに読む。昨年を思い返して今年のイメージをつくる。	・参加意欲をかりたてながら、日程など、概要を説明する。
なか	・実行委員会からの連絡 ・参加の仕方や取り組み方について ・各班の発表 ・意見のまとめ	・どんな体育大会にすべきかを考えながら話を聞く。 ・不明な点を実行委員会へ質問する。 ・全員で団結して取り組むためには何を心掛ければ良いのかを班で討議する。 ・班の意見を班長がまとめ、発表する。 ・共通の思いや決意を互いに確認する。 　1班　絶対優勝 　2班　納得いくまで練習する 　3班　わがままを抑えて学級に貢献する 　4班　一致団結 　5班　文句言わない、手を抜かない 　6班　気楽にいこう ・同意見や新しい意見に耳を傾ける→ ・他の班の意見を真剣に聞けない→ ・全員で決定する。	・生徒の表情を観察し、意欲的に取組めそうかを判断する。 ・班での話し合いに参加しているか机間巡視し、よい意見には賛同する。 ・2年生としての自覚に敬意を示す。 ・体育大会の意義を確認し、参加態度を喚起する。 ・この思いをシンボルマークや応援旗の図案にすることを提案。
まとめ	・決意、目標の確認 ・まとめの話	・決めたら守ることを理解する。 ・担任の願いや希望を理解する。 ・意欲を高め、行事に参加する意識をもつ。 ・非協力的な仲間へのアプローチを計画する。	・決定内容を掲示するように係に依頼する。 ・担任の支援法を話す。 ・意欲を喚起する。

話し合いで決定したことは遂行することが大切である。決定事項は係に依頼して教室に掲示したり，これからの生徒の活動に期待を込めて学級通信にしるすとよい。

事後指導とまとめ

体育大会実施後は学級活動でアンケート調査を行えるようあらかじめ実行委員会で作成しておくとよい。質問項目は学年として，学級として，個人としての取り組み方について競技面，係などの活動，応援などの参加面等の具体的な内容がよい。これらの質問に対して，大変よくできたを5点，よくできた4点，まあまあできた3点，あまりできなかった2点，全くできなかった1点の5点法にすると，加重平均点で学年や学級ごとの比較ができる。

記述式による調査も入れるとよい。感想文も束ねて文集のようにして全員に回覧するのもよい方法である。時間を掛けて創り上げた行事は，それなりに尊重したまとめ方にしたいものである。

職員の評価・反省は次年度の参考資料となるために計画段階からの評価が必要である。今後体育大会を学校行事にどのように位置付けるのか，その展望を示して体育大会実行委員会は解散となる。

中学校のみならず小学校も高等学校でも運動会のためにあてる練習時間はそれほど多くはない。生徒が運営する運動会を企画すれば準備にかなりの時間を要する。授業時数の確保すら難しい現状では，行事の精選は致し方ない。体育的行事も運動会だけとは限らない。ロードレースや水泳大会なども学校行事としてねらいをもって取り組めば充実した活動となる。しかし，単に行事数を減らしたり，行事に当てる準備等の時間数を減らすことが解決案とは言えない。学校行事が生徒にとって充実感や成就感を味わう重要な活動であり，「生きる力」を育む大切な教育の場である。各学校は，学校や地域の実態に応じて，教育的価値の高い行事の精選と重点化を図ることが大切である。教師はその視点をもたねばならない。

第2部
教育と発達を結ぶ自律と自治

1 個別化・統制化の学校か,自律・自治の学校か
―21世紀における学校論のために―

川口　幸宏

1　1980年代後半以降の「教育改革」の根本思想―「21世紀教育改革」

　1980年代の半ばに設置された臨時教育審議会（内閣総理大臣の直属の諮問機関，当時総理大臣は中曽根康弘）は，次のような柱の答申を行った。

　（1）　個性重視の原則
　（2）　基礎・基本の重視
　（3）　創造性・考える力・表現力の育成
　（4）　選択の機会の拡大
　（5）　教育環境の人間化
　（6）　生涯学習体系への移行
　（7）　国際化への対応
　（8）　情報化への対応

　あたかもこの答申が端緒となったごとく，我が国の20世紀末の教育界では「教育改革」のスローガンが振りかざされはじめた。それは，それまでの時代

社会の微妙な進展にあわせて行われてきた教育改善を狙いとした法改正・省令改正とはまったく異なる質を示し始める。政府・文部省（現在は文部科学省）は教育改革推進閣僚会議，教育革新推進本部を設置し，「二一世紀の展望と教育目標」「生涯学習」「初等中等教育の改革」「教育の資質向上」「高等教育改革・学術研究振興」「教育行財政」などの課題別プロジェクトチームを設置した。そして，教育課程審議会，教育職員養成審議会，大学改革審議会が「教育改革」の断行をめざした審議を始めた。

　これらの審議の根本にあるのは，一つに，子ども・青年に現象的に現れる暴力的傾向ならびに内閉的傾向，逃避的傾向さらには退嬰的傾向という「荒れ」に対する教育行政側の危機意識がある。それらをもたらしたのはひとえに教育の根本的なあり方に関わっているというのである。そして，日本国憲法・教育基本法に基づく教育を「占領下の教育体制」であったとの総括の下に，それらは，「自由主義」や「平等主義」の名の下に，集団性においては無規律性であり，知的能力性においては画一的，統制的であり，個性を尊重しないものであったと特徴づけている。また，学校中心主義的な教育観が地域や家庭の教育力を喪失させる結果を生み出し，教育を偏狭な営みにしてしまってきたが，それに果たした教師の問題性が厳しく批判されるべきである，とするものであった。

　二つには，上に指摘された問題性の根源には，日本国及び日本国民という二つのナショナリティの整合性・統合性が不透明になりつつある国際情勢が進展しつつある状況下において－つまり，「冷戦構造」が解体するという国際情勢の中で「国境なき経済競争」における日本国及び日本国民のアイデンティティの希薄化が急速に進展している状況下において，いわば国際的な関係における「生き残り」をどうするのか，という政財界ならびにナショナリストの危機意識がある。ここには21世紀社会に進展するであろう国際社会のグローバル化に対して，我が国が，どのようなスタンダードに与（くみ）するかの選択が迫られている危機感が込められている。それとともに，国際的な経済競争に勝ち残るための人材育成が十二分になされてこなかったという反省と危惧とが強く意識され

ている。「戦後民主教育」による「平等な人材育成」では，もはや，高度な科学技術を国際社会に先駆けて開発する担い手を育成することは困難であり，このままではいずれ科学的・文化的劣国に陥らざるを得ない，そのことは最先端経済競争の敗北を意味する，というものである。また「戦後民主教育」による「自由な人間・社会関係」では，もはや，我が国及び国民のアイデンティティ喪失になりかねない，そのことは国家的な精神の解体を意味する，というものである。

2 個別化と帰属化の統合としての「教育改革」

こうして1980年代に，国民主導型ではなく，政府・財界主導で始められた「教育改革」は，21世紀に入って急激に具体的な姿を示し始める。典型的な戦後教育システムであった「6・3・3」型は崩れ始め，義務教育費の負担を公費に依存する教育財政制度も維持されなくなり，中等教育までの教養型教育（普通教育）も解体されはじめた。もちろん高等教育も例外ではない。いわく，義務教育段階に導入される「3・4・2」制，初等・中等教育に導入される「4・4・4」制の一部自治体での試行，公立6年制中等学校の設置，飛び級・飛び進学の導入，義務教育段階の通学区の自由選択制，学習内容の柔軟な取り扱い（すなわち学習内容の「発展的」「個別的」習得），目的別内容別公立義務学校の設置（ひいては，自治体が出資する株式会社による公教育学校の開設に行きついている），教育職員としての専門養成を受けない者の教員採用システムの導入，4年制大学から大学院への専門教育への移行，国立大学の法人化など，どれもこれも「戦後民主教育」の抜本的改革である[1]。いな，「戦後」に限らない。「近代教育」そのものを改編している，と言ってよいだろう。「近代教育」の思想とシステムについては後述するが，歴史を振り返ってみれば，「近代教育」が実現するプロセスの中で民衆が血を流して要求を積み重ね，民衆がその力量を獲得してはじめて制度を伴う教育改革がなされていたのに反し，今

次の教育改革は，比喩的な表現であるが，粛々となされている。このことの中に，「戦後民主教育」に対する国民の諦観さらには拒否感が象徴されており，改革は誤りではないとする論理が教育改革論に内包されていることに注意を払う必要があるだろう。すなわち，「戦後民主教育は占領下において押しつけられたものであり，自らが選んだものではない。しかしながら今次の教育改革は，我が国が自ら，自主的に選ぶ，自らの進路である」というものである。

　だが，進められている「教育改革」の具体は，「戦後民主教育」が「アメリカから押しつけられた」という論理に匹敵するほどに，ほとんどがアメリカの教育改革の移入である。すなわち，「戦後民主教育」が「公平・公正にケアする教育」の実現であったのに対し，今日の教育改革は，アメリカが冷戦による二極対立後国家的プロジェクトの一貫として推し進めてきた「卓越性・効率性に基づく人材形成」（個別化と競争主義による教育）によって，アメリカをグローバル・スタンダードとする市場支配を成し遂げようとする教育改革である。政財界そしてナショナリストが，「戦後民主教育」と今次の教育改革に関して，「押しつけられた」か「自らが選んだ」かの主体のあり方の差異性を強調しようとも，その制度の内実はアメリカ発信の「チャーター・スクール」以外の何ものでもない。つまり，国民一人ひとりの自主的・主体的参加と国民間の競争とを重んじることによって，アメリカ型教育を市場原理の下に統制しようとする教育改革である。したがって，教育の当体としての学習者（子ども・青年）は，自主性と競争の原理にふさわしい対象として理解され，組織される。時には「受益者（学習者）のニーズ」という語句粉飾がなされることもあり，その「ニーズ」を絶対視した実現数値目標が「ニーズ」を自己増殖させることもあ

1）　ただし，2004年初頭段階での「教育改革」の姿である。1960年代後半期には「教育の現代化」の名のもとに高度な生産力の発展に求められる高度に発達した科学・技術の進行に応ずるように「学力」が体系化されたが，21世期の「教育改革」で提出されている「学力」観は国際的な経済・開発競争に勝ち抜くためであるという特徴がある。すなわち，全体的なレベルアップを求めたかつての「教育改革」とは異なり，個別化された生産力に対応する個別化された学力を求める「教育改革」という特徴がある。

1　個別化・統制化の学校か，自律・自治の学校か

るが，それは「自主性と競争の原理」という名の選別指標にしか過ぎない。そのキーワードが「個別化」である。それは決して，学習者を，「個性的な存在者」として捉えているのではないことにも留意しなければならない。

ところで，文部行政・自治体で推進されている21世紀教育改革の「目玉」は，何も「自主性と競争の原理」ばかりではない。先に国家と国民のアイデンティティ形成の課題を担っていると触れたことに関わるが，我が国のナショナリティを大きく問い直してもいる。

冷戦後の国際情勢は，かつて大国間競争の中で競争相手の抑止力として育てた「小国」が，自立の道を模索しはじめると共に，いわゆる局地紛争が簇生しはじめている。さらには，非国家的軍事勢力が「大国」に対して挑戦しはじめた。この「新しい戦争」に象徴される「新しい国際的な緊張関係」に対して，日本国がどのように関わるのか，関わらないのかが問われはじめた。その象徴的言語が「ショー・ザ・フラッグ（show the flag）」である。「旗幟鮮明にせよ」という原義であるが，我が国では「国旗を掲げよ（fly flag）」と同義に解釈された。「旗幟鮮明にせよ」というのは，（日本国としての）立場を明確に示せ，という意味であり，この限りにおいては日本国憲法の前文ならびに第九条に示された非軍事による平和主義の選択も容易であるのだが，「国旗を掲げよ」ということは戦闘地帯に参入せよということであり，日本国憲法第九条の解釈による専守防衛的平和主義をも逸脱することを可能にする。

なぜこのようなことを述べるのかと言えば，「国旗」問題は，なにも国際紛争解決のキーワードであったばかりではなく，国内的にも，時を同じくして，「ショー・ザ・フラッグ」ではなく「フライ・フラッグ」が制度化されたからである。まず，学校現場に，文部大臣告示による学習指導要領によって，「日の丸」「君が代」を「国旗」「国歌」とする行政解釈が提示され，施行され，そして義務化され，その後，「日の丸」「君が代」が法制化された。慣習法的なものであったのが実定法になった（「国旗・国歌法」）ことによって「掲揚」と「斉唱」の義務と強制が強化され，違反に対する罰則が定められることになる。

国旗破損などという国家象徴に対する侮辱行為に留まらず,「掲揚」と「斉唱」の場である「儀式」等が義務・強制の理解範疇に組み込まれ,なおかつ学校管理・運営の長である学校長の職務命令権に組み込まれることによって,「日の丸」「君が代」は完全なる「聖域」に置かれることとなる。すなわち,卒業式・入学式等々の儀式を含む「学校行事」には児童・生徒や学校教職員集団による自律・自治性・創造性が入り込む余地がなくなった。式次第の主役・進行は,すべて,国旗を背にして演壇－それは「平場」より約1メートル高い「舞台」の上に誂えられている－に立つ学校管理・運営の長の指揮・管理によって担われる。児童・生徒にとっては学習指導要領に示された「学習内容と方法」によって習得すべき「学力」に組み込まれているし,教職員にとっては,職務命令の下に置かれているから,「聖域」に対する「遵守違反」は各種法令・省令・条例違反に直結し,勤務査定や懲戒の対象となる。「フライ・フラッグ」は,このように,それぞれの個性的な立場の「旗幟鮮明」が求められるのではなく,所与の価値と行動性とに忠誠を求められるのである。これを「集団への帰属」の意識と行動（「協調性」）として説明され,教育改革の大きな特徴とされているわけである。しかしながら,「集団への帰属意識」については,「戦後民主教育」の進展の中でつねにナショナリストによって主張されてきたことであることから,今次教育改革の特徴と位置づけるよりは,今次教育改革を利して急速に制度化された,と言うべきであろう。しかし,「21世紀日本社会」の基本姿勢として強調され,実施されつつあることは事実である。

以上,極めて概略的に見てきたが,いわゆる「戦後民主教育」の事跡は,平等主義（「画一主義」）,自由主義（「放任主義」）として批判の刃の前に立たされ,それらが児童・生徒個々の持つ能力という特性を伸張させることの妨げとなり,集団的社会的規範を確立し進展させることの妨げとなった,それが「荒れ」を生みだしたという論理を生みだしてきた。また,卓越した能力の育成を困難にし,そのことが国力を低下させる源となる,という論理も生みだしてきた。つまり,個人的にも,社会的にも,国家的にも,「戦後民主教育」は,もはや大

きな妨げ以外の何ものでもない，したがって根源的な教育改革をなすべきだ，という論理が導き出され，21世紀に入るやいなやその具体が次々と着手されてきたわけである。そうした「戦後民主教育」否定の根底には「近代教育」否定の思想と行動とがあるとの立場で，本稿が書かれている。したがって，「近代教育」とは何か，そのことについて紙数を割く必要があるように思う。

3 「近代教育」の事跡は何か

「近代教育」は「近代社会」の誕生とともに始まる。これは必ずしも真ではない。「近代社会」の誕生が「近代教育」の必要性を生みだし，「近代教育」の進展・発展が「近代教育」の質を変化させたというのが事実である。総じて「近代教育」とは，国家による教育内容の策定，国家による教育条件整備の策定，国家による教育専門職の養成がなされ，それを国民が享受するシステムとなる。したがって国家のあり方如何によって国民が教育を享受するシステムが異なる。これを指標として明示すれば，国家によって定められた「教科書」（教育内容と方法），「時間」（教育課程＝カリキュラム），「教室」（教育＝学習の場）をもって，教育の専門職者として国家によって養成された「教師」が，国家によって条件を定められた学習者（今日では学齢期にあるほぼすべての子ども・青年）に対して，国家の定めた教育観を伝達するということである（「教化としての教育」）。これら「教科書」「時間」「学校」「教師」は，「近代教育の神器」とも言うべきものであって，どれ一つ欠落しても「近代教育」の体をなさない。国民の側からすれば，これらの「神器」が自らの身を助けるものであることが必要条件となることは言うまでもない。もし，国民にとって身を助けるものとならない状況下にある時には，例えば，学校費という課税納入の減額運動や拒否行動，就学忌避あるいは学校打ち壊しなどの行動が取られた。国家は，それらを弾圧し，あるいは懐柔し，あるいは統制することによって，「神器」の権威を保とうと務め，さらに権威を増大させる。

そうした国家と民衆とのせめぎ合いの過程を経て，教育における民主制が徐々に姿を見せ，定着し，さらに新たな課題を模索しはじめるのである。つまり，「近代教育」は，そもそもが「近代国家」形成の必要から国家の側から組織されたが，やがて民衆すなわち国民の側からも要求を出し，国家に実現を迫っていった，という歴史過程を含んでいる。国家主導型の「近代教育」をきっかけとして，民衆は自らのうちに「近代社会」が必然とする自立した個人を形成し，社会参加の力量を育て，それを具体的な教育の場すなわち「近代学校」に求めていったということである。こうした国民の側の主体的力量を本稿では「市民的資質」とするが，「近代社会」は「市民的資質」を育み内容を豊かにしていくプロセスを内包しているところに特徴がある。その歴史過程は，決して平坦なものではなく，時には熾烈な国家的暴力が行使されることもあり，流血の惨事を招くこともしばしばであった。こうして到達した，すなわち第二次世界大戦の敗戦を契機として制度として実現した「戦後民主教育」は，「神器」に対する国民参与権を内包するところの，「能力に応じて教育を受ける権利」であり，「保護する子女に対して9年間の普通教育を受けさせる義務」によって成り立っている。すなわち「国民の教育権」の具現である。しかしながら，1960年代から「国民の教育権」か「国家の教育権」かが問われはじめたことに象徴されるように（例えば「家永教科書検定訴訟」），我が国における「国民の教育権」すなわち前記した「近代教育」の歴史過程に内包されていた国民の自律的・自治的教育参加に対する暗雲が重く垂れはじめるようになる。すなわち，教育行政権行使が急速に強まりはじめていくようになるのである。

　だが，いずれの近代国家においても－アメリカ，フランス，ドイツなどなど－，「自由」と「平等」とは社会と個人とをつなぐ指標となっているのであり，その下で権利と義務とが諸個人に「天賦」されているのである。教育に関する国民（国家の中の個人）の権利・義務・無償の思想は，『レ・ミゼラブル』の作者である文豪ヴィクトル・ユゴー（Victor Hugo：1802―1885）がフランス第2共和政下の立法院議会の演説で打ち立てたものであり（1850年1月15日）[2]，そ

の後，近代国家・社会の進展の中で国際的な理解を得，各国家・社会の実情に応じて制度化されてきたという歴史経過がある。我が国においてもその歴史過程はあり，「敗戦によってアメリカ（占領軍）に押しつけられた」ものではなく，「敗戦」を契機として，それまでの歴史過程の中で内包していた「近代教育」の成果が結実したものである。事実，教育を権利・義務として捉える思想はすでに明治期に誕生しているし，大正期・昭和前期にはその思想の実現をめ

2）ユゴーの演説の該当部分を次に紹介しておく。

「諸君，私の提案する教育の問題についての考え，それは次のようなことである。すなわち，無償かつ義務の教育。初等教育の義務，学校教育すべての無償。義務制の初等教育，それは子どもの権利であり，疑いもなく，保護者の権利よりも尊く，国家の権利と同等である。

繰り返して言う。私の考えるところは次のことである。すなわち，先ほど強調した限りでの義務と無償の教育。崇高な公共のための教育というものは，国家によって提供され経費が賄われるのであり，村の学校はもとより，コレージュ・ド・フランスさらにはアンスティテュ・ド・フランスに及ぶ各学校・教育機関すべてを含むものである。すべての知識人に開かれたすべての重要な科学の門。場があるところはどこでも，才能のあるところはどこでも，書物があるところはどこでも。小学校無きコミュヌ無く，コレージュ無き市部は無く，大学無き県庁所在地は無い。包括的な施設，換言すれば，リセ，ギムナジウム，コレージュ，講座，図書館という知的活動の場の全体網は，地方から人材を生み出し，至るところで才能を呼び覚まし，かつ，至るところで資質を育む。一言で言えば，国家の手によってしっかりと組み立てられ，多くの陽の当たらないものを引き立てるために取り付けられ，そして知性に達する人間らしい知識の梯子。まったく断絶がなく，大衆の心がフランスの頭脳と結びあうために。

以上のように私は国民公教育を理解している。諸君，このような素晴らしい無償教育に加えて，国家によって示されるところの完全な秩序のある知性を請い願い，すべて，無料で，最もよい教師と最もよい方法とを提供する。」（出典：Victor Hugo : *LE DROIT ET LA LOI ET AUTRES TEXTES CYTOYENS.* pp. 228 - 242. ≪Domaine français≫ dirigé par Jean-Claude Zylberstein. Édition 10/18, Département d'Univers Poche, 2002.）

なお，ユゴーの演説に見られる「権利」論には，国家が準備した教育を国民が享受するという思想が色濃く反映されている。「日本国憲法」の「教育を受ける権利」と同質であることに注意を払いたい。これに対して，「国連子どもの権利条約」では「教育への権利」とされている。「を受ける」と「への」との間にある教育権論の差異性こそ，我が国20世紀末からの大きな議論課題とされていることに注意を払いたい。国連やユネスコにおける教育権論の表現は「教育への権利」が用語として定着している。

ざす教育運動が勃興し，昭和前期には教育実践という姿を借りて，権利・義務とを実態化させているのである（ただし，制度的実態は「天皇の権利」と「臣民の義務」という権利主体と義務主体とが完全に分離していたということは付加しておかなければならない）。このことの歴史的意義は決して忘却されることはあってはならない。

4 「近代学校」の性格と役割

こうした歴史経過の中で，「近代教育」の結実の姿である「近代学校」は，次のような性格と役割を有することとなった。

生活の場としての学校

一つは，学校が学齢期の学習者（子ども・青年）にとってその成長過程における「生活」の場としてある，ということである。ほとんどの学習者にとって一日の時間の1/3，高校のほぼ全入時代という現実からすれば6歳から18歳までの12年間という「時」を暮らす場である。ここに至るにも「近代社会」の成熟過程がある。すなわち，学齢期を12年間にまで及ばせる社会的な「ゆとり」がそのもっともなものであろう（例えば，児童・少年労働を必要としなくなる生産力の成熟性－もちろん，これだけで「ゆとり」の実現を見たのではない。子どもを権利主体として捉える国際的な運動にも支えられていたことを看過してはならない[3]。）。一定の「時」を一定の「場」で暮らすということは他の「時」と他の「場」の相対的な減少になるわけであるから，学校生活が学習者にとって重要な意味を持つことは当然である。例えば，因習的な共同体生活の中で培われていた「生活の知恵・技」は近代社会にいたってそのままでは

---

[3] 1989年に国連で採択された「子どもの権利条約」に至るまでに，1924年「児童の権利に関するジュネーブ宣言」（国際連盟第5回総会採択），1959年「児童権利宣言」（国際連合第14回総会）があることを押さえておかなければならないだろう。

伝承されなくなる。それは伝統や文化の断絶に通じかねず，社会そのものの解体に至ってしまう。したがって，他の「時」「場」がなし得ていた人格形成力を学校生活で補わなければならない。J. H. ペスタロッチ（Johann Heinrich Pestalozzi: 1746—1827）がいみじくも「生活が教育する（陶冶(とうや)する）」（Das Leben bildet.）と述べた人格形成の課題を近代学校が多く背負う責務を持つに至るわけである。

　学校における生活が管理的・統制的であるか，自律的・自治的であるかのせめぎ合いの歴史は，洋の東西を問わない事実である。しかしながら，「国連子どもの権利条約」（1989 年）に即して言うならば，まず自律的・自治的であることによってこそ，「今」という先にも後にもない「時」と「場」とを，学習者にとって「内在する諸能力を自らが引き出す（education：ギリシャ語の êducô を語源とする）」ために有効となる。人間関係，社会関係，科学や文化（芸術等を含む）との諸関係などの生活は，何よりもこうした主体の力によってこそ，学習者にとって意味あるものである。これが近代学校の「生活」としての到達である。この到達をさらに継承・発展させていくのか，それとも自律性・自治性に依拠することを減少させ，学校「儀式」などの「聖域」設置に見られるように管理・統制的に，そして新たな傾向として見られる新能力主義的学校・学級編成（「個別化」に基づく集団編成原理）などのように分断的にしていくのか，21 世紀における学校の「生活」の組織のあり方が問われざるを得なくなっている。本書に収められた「『フレネ教育』における『学校共同体』」（坂本明美論文）には自律性・自治性に依拠した共同体としての学校像が典型的に描き出されている。「フレネ教育」の生みの親であるセレスタン・フレネ（Célestin Freinet: 1896—1966）は，先に触れた近代学校の「神器」の国家権力性を相対的に弱め，子どもたちの「教育への権利」を実現のプロセスに乗せた先駆的なものである。このことによって，子どもたちの学校での生活は，子どもたちの家庭や地域での生活に留まらず，他地域，他社会など異文化圏とも有機的に連関され，結合されるものとなった。フレネはこうした学校のあり方を

「現代学校」と呼んでいるが,そこでの子どもたちの「生活」は,まさしく「教育への権利」を実現する質と内容とを伴っている。

アイデンティティ主体の確立の場としての学校

二つは,「自らは何者か」「何者になりうるのか」を他ならぬ自身のために終生探究し続ける主体を確立する場としてある,ということである。アイデンティティの確立と換言することができるだろう。これは個性的な人格の創出につながるものである。

「あらゆるものが進む,あらゆるものが生じる,あらゆるものが動く,あらゆるものが成長する,あらゆるものが変化する,あらゆるものが新しくなる」。これは先に示したヴィクトル・ユゴーの演説の結びの言葉である。この言葉ほど「近代」を示しているものはほかにはないと思われるほど,的確性を持っている。これを「可能性」という言葉で言い表しておこう。

近代の「可能性」は,当然のことながら,「あらゆるもの」の中に諸個人を含んでいる。「可能性」は啓かれなければ無に等しい。人間に内在する「可能性」にいち早く着目したのは J. J. ルソー(Jean Jacques Rousseau:1812—1878)であった。彼の著書『エミール』はひとりの男の子どもを「市民」として育て上げるプロセスを描いた家庭教育小説であるが,やがてその著を原典として教育のらち外に置かれていた子どもたち(孤児,幼児,重度精神障害児,女児など)を「発達の可能性」の対象として組織的な教育,すなわち学校教育に組み込むようになった[4]。その組織的教育が内在の「可能性」に依拠しているという点において,外的規律の管理・統制による強制とは極めてなじみにくいものとされ,自律性・自治性こそが「可能性」を拓く(ëducô)と捉える。こうし

---

4) 「孤児」に対する組織的教育の先駆者は先に示したペスタロッチ,「幼児」に対する組織的教育の先駆者は F. フレーベル(Frédéric Flöbel:1782-1852),「重度知的障害児」に対する組織的教育の先駆者は E. セガン(Édouard Onèzime Séguin:1812-1880),「女児」に対する組織的教育についてはルソー以降の女性解放史の中で次第に形を見せていく。男女の性別に関わりのない「市民」形成ということであるならば,1871年のパリ・コミューンが挙げられなければならないだろう。

た歴史過程を経て，近代学校は，今日では，すべての子ども・青年の「可能性」を啓く場として有意とされるようになった。

1985年，第4回ユネスコ国際成人教育会議は「学習する権利は，人間性の存続そのものに欠くことのできないものである」とする「学習権」の宣言を採択した。続いて，1997年に開かれたユネスコ「21世期教育国際委員会」は，過去・現在・未来を通して主体である諸個人が「知ることを学ぶ」「なすことを学ぶ」「共に生きることを学ぶ」「人間として生きることを学ぶ」ことを「学習」だと定めた（「学習・秘められた宝」）。この2つの「学習」観からは，何人(なんびと)も所与のものを学習する権利を平等に持つことを意味する「教育を受ける権利」からさらに進んで，自らが学ぶ自律性・自治性によって権利の主体としてその人生を送ることが保障されなければならないという積極的な教育権が展望されている。

こうした自律性・自治性に裏打ちされた学習にもとづく人生探究は，つねに，自身の中に新しい「自分像」を創り上げていく。「未来に備えて蓄えられる文化的な贅沢」のためでも「生きながらえることができるようになった後ではじめて問題にされるようなもの」でもない学習，すなわち自身の中に「可能性」をつねに拓いていくための学習，その生涯学習のコアであり基盤であるのが近代学校である。

市民的資質形成の場としての学校

近代学校は，近代に成立し，つねに発展しつつある国家・社会における権利と義務の実践主体として自己形成する場としてある，ということである。これは，学校が市民的資質形成の責務を負っていると言ってよい。

周知のように，近代における「市民」概念は18世期末のフランス革命期に「人間と市民のための権利（Déclaration des droits de l'homme et du citoyen）」によって明示された（1789年）。ただ，この「権利宣言」は，その実態から見て，男性のみにあてて出されたものであり十分なものとは言えなかった。この

ことを踏まえてオランプ・ド・グージュ（Olympe de Gouges 1848—1893）は「女性と女性市民のための権利（Déclaration des droits de la femme et de la citoyenne)」（1791年）を作成した。こうして，まず，成人の男女ともに，人間として市民として権利主体として認識されるに至る。ここで言う「権利」は国家などの特定権力によって授与され国民がそれを享受する，というものではなく，個々の人間に自然権として存在するとされていることに注意を払わなければならない。「子ども」や「障害者」に対する権利主体認識は相当の歴史を経なければならないが，国連など，国際的な理解として，すべての個人に生得的に備わるものとされている。当然のことながら，我が国においてもそれは当てはまるのである。「日本国憲法は敗戦によって外圧によって与えられたものである」という理解によって葬り去られてはならない。もちろん，明治以降の歴史過程の中で，自然権認識は，醸成されている。

　国家・社会は自然権を有する諸個人の集合体である。このことが意味するのは，自然権を有する諸個人の総合意志と実践によって国家・社会がその質と方向とを定めることができる，ということである。この実際化のために，近代社会は，国民の代表者たる代議制による議会主義を採り入れてきている。しかしながら，そうした間接民主主義という近代は多数決の原理によって支えられるものである限り，少数者の自然権が多数者によって抑圧され，あるいは排斥されるという矛盾にも気づかざるを得なかった。少数者の自然権を可能な限り実現の方向性を示すためには代議制によらない直接民主主義という方法を導入せざるを得なくなる。間接民主主義によって成り立つ国家・社会を「垂直型共同体」とするならば，直接民主主義を導入する「水平型共同体」が求められるようになる。前者を「参加型共同体」とするならば，後者は「参画型共同体」と呼ぶことができる。「参加」と「参画」とを通じて，諸個人は自然権の可能な限りの実現を進めていく主体，すなわち市民として自己を形成していくのである。

　「教育への権利」の主体を形成する場である近代学校は，言うまでもなく，

「参加」と「参画」とによる市民像を育成する場である。我が国の学校史に即して言えば，すでに大正期にその実践が試みられ（「千葉師範附属小学校」など），戦前の一時期には全国的に実践が展開された。第二次世界大戦後も営々と営まれている。しかしながら，1960年代以降は教育行政がそれに足止めをかけ続けていることもまた，事実である。自然権への認識と理解に乏しく，諸権利を「与えられるもの」とし，その範囲において権利を享受すべきもの，といういわゆる「受教育権」の行政哲学に寄りかかっている。かつ，受益者負担の増大が目論（もくろ）まれており，自然権の行使において可否の二極分化が急速に進行してきている。「市民的資質」は与えられるものではない。諸個人が自律性と自治性によって自己内に形成していくものである。近代学校がその可能性を切り開き，発展させてきた事実を真摯に受け止める必要がある。自然権・生得権としての基本的人権を有する子ども・青年の集合体としての学級・学校は，それぞれの人権を保障し得るような教育的環境を整備する責務を負っている。

いずれの共同体にあっても，諸個人間を結び，社会組織体として成立するための規律・モラルを必然とする。言うまでもないが，その規律・モラルは所与のものとして固定されてはならない。つねに「自らが発し，創造する規律・モラル」である，ということである。

固定された規律・モラルに「参加」する自主・自立能力ではなく，つねに新しい規律・モラルの創造に「参画」する自律・自治能力こそ，近代社会の発展過程の中で提出されてきた「市民」像である。

社会の到達した文化の総量を修得する場としての学校

「ただ学問を勤めて物事をよく知る者は貴人となり富人となり，無学なる者は貧人となり下人となるなり」。福沢諭吉（1835―1901）・小幡篤次郎（1842―1905）の『学問のすゝめ』（1902年―1906年）の初編の一節である。福沢らの言う「学問を勤める」場として近代学校が発足したことは周知のことである。学校への「参加」は，福沢の論理からは，機会均等であることが必然とされる

が，一方で近代国家が用意したのは義務参加であった。しかも，受益者負担が原則とされる。すなわち，義務・有償である。機会均等の「参加」にはとうてい「教育を受ける権利」も「教育への権利」も含まれていない。国家が準備する教育内容を国家の準備する教育システムに添って享受する，それが近代学校の出発時の姿である。そして，その教育システムは国家・社会に有意の人材配分が内包されていたから，福沢らが「学問」享受の機会均等を唱えたとしても，近代学校は「貴人となり富人となり」「貧人となり下人となる」システムをも内包している，と言わざるを得ないわけである。すなわち，教育によって社会階層の差異化が進み，差別化も進む。個人にとっては，「学問を勧め」ることが社会的有意を問われる，「個別化」された人格を形成することにつながっていく。これが意味するところは，学歴と社会における諸文化生産への参加能力－その多くは職能と理解されてきた－とが密接に関係を持つ，いわゆる学歴主義である。垂直型ヒエラルキーを構築するものこそ『学問のすゝめ』が果たした歴史的意義である。

　もちろん近代学校は上記に留まらない教育内容と教育システムとを用意した。それは人格を構成する知・情・意・技・体の社会的統制のための教育・訓練システムである。戦前は教育権は天皇大権にあり，臣民である国民がその大権によって提示された教育システムを享受する義務が課せられていた。具体的に各種学校令に基づく「教授細目」に則られた。第二次世界大戦後は，戦後初期の一時を除き，学校教育法に定められた「文部大臣（文部科学大臣）が告示」するところの「学習指導要領」に則っている。それらはミニマムでありかつマクシマムな教育・訓練の内容と方法を示している。こうした統制的な教育・訓練を通して，子ども・青年は，「国民」的資質が形成されるわけである。

　しかしながら，近代社会の成熟は，個人に対して，知・情・意・技・体の人格構成能力をそれぞれに，また相互関連的・補完的に，自律的・自治的に操作し，「人格の完成をめざし」（『教育基本法』），自立した個人として自らを育成する道を拓いている。そのためには，社会に集積された文化の総量が，つねに個

人に対して開かれていなければならない，ということも明らかにされた。そのことによって個人は，自らが成長・発達する主体であることを確認できるし，他者との水平的関係を取り結ぶことが可能となる。このことを，自律的・自治的文化能力と呼ぶことができるだろう。

　与えられた義務を果たす教育から与えられた権利を享受する教育へ，そして教育への表明・創造・実践の権利へと，近代社会が可能性を拡げている。この広がりは，すべての人々にたいする，社会が到達した文化の総量を修得する場としての学校への「参画」権の保障につながっている。このことの実現をめざしてきたのも近代学校の大きな特徴である。世界的に言えば第一次世界大戦前後の社会において学校創造がなされたという経験値と重なっている。「新教育運動」と呼ばれるが，アメリカのJ.デューイ（John Dewey 1859―1952）が1896年に創設した「実験学校」の果たした役割には大きなものがある。デューイをはじめ，我が国に即して言えば，本稿でささやかながら例示したルソーやペスタロッチの教育事跡が本格的に学ばれ，我が国独自の教育思想・教育実践として萌芽し展開されたのは大正期・昭和前期である。「大正自由教育」「生活綴方（つづりかた）」「生活教育」などの名前で知られている。それらは，戦後の教育に少なからず影響を与えていることも指摘しておかなければならない。

自律性・自治性に基づく学校創造

　以上述べた「生活」「アイデンティティ」「市民的資質」「文化」は極めて変容性が高く，なおかつ自己選択的である。したがって，こうした「近代学校」では，「神器」が国家（大人）の手から子ども・青年の手へと引き渡され，子ども・青年の手によって編成され直す可能性が生まれる。例えば「教科書」以外の学習材が必要とされ，あらかじめ組まれた「時間」が柔軟に組み替えられ，「教室」という空間には納まらない学習の発展がなされ，学習材に応じた「教師」が学習活動の中に招き入れられる。ここには，画一的・統制的と揶揄される「戦後民主教育」とは違った教育の事実が誕生している。本書に収められた

鎌倉博実践，藤原共子実践，金森俊朗実践は，いずれもこのことを示している。従来の行政によって提示されたカリキュラム論から見れば，それぞれ，「総合的学習」として位置づけられ，あるいは発展している。教育学から言えば，明示的な教科教育の枠組みを超え，教科外教育として位置づけられる。また，我が国の教育史的観点からすれば，「生活教育」や「生活綴方」に位置づくものである。さらに，国際的な観点で見れば，デューイの実験学校やセレスタン・フレネの現代学校にも匹敵する。こうした教育によって拓かれ，育つ個人は，それぞれが他には存在し得ないユニークな人格の主体である。これを個性と呼ぶ。個性は「学習」によってさらに深まり発達し，差異性のある他者とのつながりの可能性を求め，実践をする。「知ること」「なすこと」「共に生きること」そして「人間として生きること」の「学習」が保障されてこそ，個性にとって学校が意味のあるものとなる。学校を縦断している領域的カリキュラムに対して個性的な「学習」を横断させていく必要性は今後ますます強まるであろう。今次の「教育改革」がすすめている領域的カリキュラムの「個別化」は『学問のすゝめ』の変容以外のものではない。あえて差異性を探すなら，「持てる者」と「持たざる者」との二極分化が出来(しゅつたい)する，ということである。『学問のすゝめ』の記述に従えば，「貴人となり富人となる」者と「貧者と下人となる」者との二極分化による社会構成である。そして，「それではモラル・ハザードがおきかねない」という「持てる者」の側の杞憂がナショナリティーの強調と統制，すなわち，社会に対する帰属意識と実践の要求となって現れている。このことは，カリキュラムにおいても具体化しつつあり，「教科領域」における「個別化」（チャータースクール），「教科外領域」における管理・統制という，ここでもやはり，二極分化を強めている。それを貫くキーワードが「自主・自立」とされている。前者の「自主・自立」は自己責任制に帰せられ，後者の「自主・自立」は集団責任制に帰せられる。

　21世期社会は，「参画」と「共同」と「創造」によって支えられると言われている。これはひとえに，近代社会がかけがえのない個人の集合体によって成

り立ち，営まれ，発展されるという厳粛な事実を継承しているからである。学校がそうした参画能力，共同能力，創造能力を啓く場としての責務を負うとするならば，「自主・自立」ではなく「自律・自治」によらなければならないことは明かである。

2 共同体としての学級

藤原 共子

6年生。中学校へ羽ばたく節目の年にあたって,働く人の学習に取り組んだ。総合学習「働く人の姿を自立への糧に」というテーマで,1年間の実践となった。

働く人の姿を意識して見ながら,そこでの実感を交流し,子ども・教師・親の疑問や願いを組織しながら学びの姿を浮かび上がらせたいと思っていた。

まずは,修学旅行で行った海響館のトレーナーさんが訓練からステージに立つまで,そして修学旅行の写真を撮ってくれた写真屋さん。さらに,今自分たちが興味あるそれぞれの人々へのお仕事インタビューへと移っていった。

町工場をたずねて働く人の話をきく

1 つぶやきから問いが始まる

お仕事インタビューの報告のとき，奈々ちゃんは次のように発表した。
「うちの母さんはなりたくて保母さんになって，保母さんがとっても好きだったんだけど子どもが生まれたのでやめました。」
その時，「何でやめるん？」と声がきこえてきた。
「だって，なりたかったんじゃろ？」
そういわれれば確かにそう。またお母さんに聞いてくることになった。
しばらくして，教室にはお母さんからの手紙が届いた。

「私が仕事をやめた理由」　　　　　香坂　奈々さんのお母さん
　私が仕事をやめた理由は，「仕事と家庭の両立が難しくなった」ということだったのですがわかりやすくいうと「とても忙しくなった」ということです。
　みなさんもお母さんを見ていてわかると思いますが，食事のしたく，洗濯，掃除の他にも小さい子供がいるところはその子供の世話，などとても忙しくしていると思います。それに加えてお仕事をしているお母さんはとてもたいへんです。そして私は家のことも，仕事も両方ともきちんとやっていく自信がなくなってしまいました。
　それに子供達とゆっくり遊んだり，お話ししたりする時間がほしいと思うようになりました。私が家にいる時間はとても忙しくしていたので話を聞いてあげることもできなかったのです。
　朝，早く出勤する日は6時30分に家を出ていたので，子供達が学校に行くときも「いってらっしゃい」が言えず，帰りは子供達の方が早かったので「おかえりなさい」が言えませんでした。誰もいない家に帰ってくるのはとてもさみしいだろうなと思うようになりました。
　夏は暑く，冬は寒い家に帰ってくることがかわいそうになってきたのです。
　仕事をしているときも家のことが気になるようになり，「今，なにをしているのだろうか」「寒くないだろうか」「宿題はやっただろうか」などと考えるようになりました。

保育園に通っている子供達もお母さんが仕事をしている子供ばかりなので，時々さみしそうにしている子供がとても多かったのです。そんな子供達を見ていると家で待っている子供達も本当はさみしいのでは…と思うようになりました。そこで思い切って仕事をやめることにしました。

　私の子供達は，仕事をやめてほしいとか，家にいてほしいとかは言ったことがありません。今も家族が多く忙しくしているのであまり話す時間がないのですが，今は仕事をやめてよかったと思っています。

　それでも自分のなりたかった仕事，好きな仕事なのでまたやりたいです。

　子供達が大きくなり安心して家を留守にできるようになったらまた仕事をしたいと思っています。

　この機会を大切にしたいと，国語の時間に大切に読み合った。

「結局，お母さんはやめたいの，それともやりたいの？」とみんなに聞くと，「やりたいんだと思う」と返ってきた。文中の「それでも」という言葉でわかると言う。

　娘の奈々ちゃんは，お母さんの手紙を，どう読んだのだろうか。

――私のお母さんは約3年前に仕事をやめました。理由は「仕事と家庭」との両立です。（中略）でもだんだん読んでる内に，「もしかしたら姉弟のために気をつかってやめたのかもしれない」と思うようになりました。

　たしかに私は仕事をやめてほしいと思ったことはありません。考えてみたら，私の心の中では，「仕事をやめてほしくなかった」のかもしれません。

　お母さんは，3年前おじいちゃんが死んでからお父さんのお手伝いをしてるけど本当は仕事をやりたいのでは，と思ったこともあります。

「家でたまにはお菓子でも作ってむかえてあげたい。」と言っていました。

　私は，そんな母の願いがかなうといいと思っています。香坂　奈々

学級の友だちの反応は……。

――〈お母さんがいないとやっぱりさびしい〉　　　　　　村田　弘美

2　共同体としての学級

私のお母さんもそんな感じのことがありました。（中略）お母さんに「カセットテープに『おかえり』って入れとって，再生を押したら聞けるようにしようやぁ」と言ったことが1～2回あります。でも，奈々は言わないなんてすごいなぁー。」
「お母さんの意見も聞いておいで」と言うと，気になる反応が返ってきた。
──〈これを読んで悩んでしまうかもしれない〉　　　　　田　村　綾　子
　　　私は，お母さんに香坂さんのお母さんが書いた紙を見せて読んでもらうと，お母さんは文を見て，「やめたくても止められない事情がある。これを読んで，あ～うちの子もそうなのかな～，と思って悩んでしまうお母さんがいるかもしれない。仕事をやめれると言うことは，働かなくても大丈夫なんだ。」と言っていました。
　母親は，仕事に追われ，家事や育児にも追われて，それでも自分を責めないといけないのかとつらくなってくる。でも，そんな母親こそ受けとめなければならないと思えて仕方なかった。

2　働く母親として私自身の思いを綴る

　現実と向き合う厳しい場面だが，ここが正念場。「こんな話を取り上げるからつらくなる」と避けていたら，うわすべりで終わってしまう。現実の仕事はその人の生身の生活と共にある。親向けの学級通信で私自身の思いを伝えた。

　　学習のもともとの目的は，仕事と家庭の両立と言うことでもなければ，まして，子どものために仕事を考えると言うことでもありません。それぞれの人にはそれぞれの生きてきた歴史があり，家族の事情も含めて家族という子どもたちの社会の状況もあるからです。
　　ただ，子どもたちがこれから大人になり，なりたい仕事に向かって夢をふくらませたり，仕事というものを深く考えていく事は大事だと思っていました。

子どもたちはその入り口で，仕事と家庭とが，時には矛盾すると言うことを知ったのです。
　私自身，大学を出てずっと働いているわけですが，自分の子どもに「寂しくない？本当はね，とても気になってるの。」とはとても言えなかったものです。もちろんこの仕事をしていたいからではありますが，子どもから否定的な返事が返って来るかと思うと恐ろしい，聞いてはいけないタブーのようなものでもありました。
　子どもたちの書いた文をよく読んでみると，「言葉にしてほしい」時もあるのだと思いました。タブーとして声にならない思いでも，あえて言葉にしてほしかったのだなぁって。この学習には大切にしたい何かがある気がして，あえてクラスの子どもたちに「聞いておいで」とか，「どんなに思う？」と問いかけているのです。
学級通信「ゆかいななかまたち」より

　後日，お母さんが悩んでしまうと言った田村さんは，こう書いていた。
——私は，学校から帰って誰もいないからさみしい。けど，やめてほしいとか思わない。なぜかというと，お母さんも，お父さんも私達のために働いてくれているから。それにもう6年だからがまんだってできるし，友達だっているから，だいじょうぶ。けど，ちょっとやめてほしいとか思ったことはあったかな？
　小さい頃のさびしさも，6年の今では，乗り越えることのできる思い出にしていくことができそうだった。さびしさが寄り集まって，肩寄せ合うと，クラスはなぜか暖かくなっていった。

3　他のお母さんの思いは？

　クラスのお母さんやお父さんからも声が寄せられた。ちょっと気になったのが村本さんのお母さんからのお手紙だった。

　今思えば，結婚する前から同じ職業を20年あまり続けてきました。一人の女性

として結婚をし女として子どもも授かりました。家庭の中でそれぞれの強さを持ち，やさしさが，又家族のきずなとなって新しい形を作ってくれております。
　一度歩き始めた一つの道，まっとうすることも強さであり，責任とも思われてなりません。ただ，子供にはいつも一生懸命な姿勢を見ていてもらいたいと願っております。

　一生懸命働いて，小さいころからの夢だった美容師になって，独立もし，はた目にも忙しそうな毎日である。いろんな人の話を聞いてほしいと思った。
　本人の了解を取りながら，授業で読み合った。
――〈かっこいくて強い〉　　　　　　　　　　　　　　　　村戸　美子
　　私は村本さんのお母さんは，かっこいくて強い人だと思います。
　　それは，「自分の姿を子供に見てもらいたい……」の所で，先生に「どうしてみてもらいたいの？」と聞かれたとき，両立は，難しいけど，それができてるからこそその姿を見せれるんじゃないかと思いました。
　　びようしさんはとても大変と思うけれど，がんばってほしいです。

4　子どもから親へ

――〈むりをしてほしくはありません〉　　　　　　　　　　鈴木　勇介
　　母さんは大へんなんだろうな。夜遅くまでずっとやっているから母さんは大変なんだと思います。だからごろごろしていてもいいと思うけれど，母さんが仕事をやめるとかなんどか前言ってたけれど，そのときはやめなくてもいいとかボクは言ってたと思います。でもあんまりむりをしてほしくはありません。（後略）
――〈父親にも責任があるのじゃないか〉　　　　　　　　　広本　政史
　　「一度歩き始めた一つの道を全うすることは強さであり責任とも思われてならない」と思っていても，あまり気にしない方がいいと思う。

父親も仕事をしているのなら，その人も責任があるのじゃないかと思う。
だから，自分の思ってることをすればいいのじゃないかな。
──〈少しはわたしの意見を聞いてほしい〉　　　　　　柳原　道子

わたしのお母さんは仕事をしていないけど，仕事をしてほしいとは思いません。なぜかというと，お母さんが仕事をしていて帰ったりして，誰もいないと少し寂しいし，ときにはお母さんとなんか話したいなと思うことがあるからです。

でもお母さんが好きで仕事をやりたいならやってもいいと思います。だって，お母さんが仕事をやりたくてもわたしがやってほしくないなんて言ったらお母さんがかわいそうだからです。でもやっぱり仕事はやらないで，わからないことがあったりしたらおしえてくれたりしてほしいなと思います。

今はまだ仕事をしたいとは言ってないけど，もしやりたいなら少しはわたしの意見を聞いてほしいと思います。

ここに来てはっとした。6年になった彼らの関心は，さびしいかどうかではなく，母親が自分の存在をどう思っているかだった。日頃は言葉にすることのないその思いを，「内心」としてこだわった人もいる。
──〈一つは同じはず〉　　　　　　　　　　　　　　玉井　果歩

お母さんは，ただ，無言のままいつもよりもずーと真剣な顔で読んでいた。
読み終わった後も無言のままで私が質問するまで無言だった。
だから，お母さんが，どう思っていたかはわかんない。
だけど，一つは自分と同じ所もあったはず。

その後，果歩ちゃんは次のように書いてきた。
──〈内心どう思っているのか〉　　　　　　　　　　玉井　果歩

私は香坂さんのお母さんの書いた文章を読んで香坂さんがうらやましく思いました。だって，お母さんがあんなに心配に思ってくれているんだから。
私のお母さんは毎日の仕事でとても疲れているように見えます。

でもわたしたちのことは「宿題やった？」位しか言いません。
　でも，内心どう思っているのかわかりません。
　でも，香坂さんのお母さんが仕事をやっていた時みたいに，とても忙しくて，私たち子供のことも考えるひまが無いんだと思います。
　でもいつか，お母さんに，内心どう思っているか聞きたいです。
　日頃は，忙しくて，疲れてて「宿題やった？」ぐらいしか言わないけれど，うちのお母さんにも私を心配している「内心」があるに違いない。私には，「忙しくて，疲れてて，思うような暖かい言葉がけなんて，毎日は無理だろう。疲れたお母さんのこともわかってあげるよ。でも，時には言葉にして聞かせて！」そんな彼女の思いが伝わってきた。
　「これを見せて，お母さんに聞いてみたら」と言ったら，翌日，「子どものことが気にならん親はおらんよ」と，こつんとやられたとはにかんでいた。
　しばらくして，奈々ちゃんは次のようなことを書いていた。
　——お母さんは，私が３年生の時に正式に仕事をやめました。理由はわからないけれど，私が思うには，おじいちゃんが死んだからと思います。おじいちゃんが死んでから，お母さんはお父さんのお仕事の手伝いをしなくてはならなくなりました。（中略）私はお母さんに家にもいてほしいし，仕事もやってほしいです。
　でもそれを決めるのはお母さんだからその件はお母さんに任せます。
　それに私はもう６年生だから弟を保育園にむかえに行けるし，面倒もできるから私はお母さんに仕事をするなら安心して仕事をやってほしいです。
　それになやみがあるなら，そっと私に相談してほしいし，私のことをもっともっと今思っている以上に信用してほしいです。（後略）
　母の願いも叶えてあげたい。何より信用して相談してほしいと言う気持ちが高まっている。それに，お母さんがやめた家庭の事情も，自分なりに理解してきたようだった。

5　親から子どもへ

◆　ん，これもしかして……聞いてみるとやはりそうでした。

　以前パートに出ている時の子どもの気持ちが綴ってあり，あらためて考えさせられました。子どもとも，話してなんとか仕事を続けられたのですが，遅くなって帰り，「早くしてね，早く，早く……」と，どうしても子どもをせかすことが多くなっていたようです。（中略）

　今回，ゆかいななかまたちを読んで，子どもたちはみんなきちんとした意見を持っているんだなと感心しました。

　お母さんたちが仕事を持って，家事と両立していくことはとても難しいことだけど，子どもたちときちんと話をしていくことでお互いが良い方へ進んでいく事ができるような気がしました。

　収入が得たいと言う気持ちと，社会に出て自分を生かしてみたいと言う気持ちで，また仕事につきたいと思いますが，そのときにはまた子どもたちと話し合い，お互いに気持ちが通じるようにしたいと思います。　　　　　　　　　　（女子の母親）

◆　今回は健二に手紙を持たせて下さってありがとうございます。

　少し前に香坂さんのお母さんの手記を読んだ時，私は働く母親としてドキッとしました。健二はこの学習で内心どんなことを思っているのだろう？？？と気に掛かっていましたが，その事を話題にすると急に不機嫌になりますので，気にはなりながらも毎日を過ごしていたところです。

　先生から同封された健二の文は今朝朝食を終えたところで「お母さんこれ！」と言って渡されました。おかげさまで今日は朝からとても幸せな気分です。

　（中略）仕事を終えて夕食を作っているときは，「お母さんぼくも手伝ってあげる」とみそ汁の具を切ってくれたりしてますので，本当に大切な我が家の宝物なのですが，先生からのお手紙で，私も自信を持って，また今日から，会社に行けると思いました。（後略）　　　　　　　　　　　　　　　　　　　　（男子の母親）

一人の人間として，母親に真正面から向き合う女子の姿に対して，男子は少し遠慮がちに母親を気遣っている．思春期の入り口にさしかかった彼らの姿が初々しかった．それだけに，こういう機会を学校で組織しなければ，思春期に親子の対話を実現するのは難しいと思えた．

　こうして働く人の学習は，奈々ちゃんのうちの話を軸に交流しながら，自分自身や母親のことを振り返る学習になった．私自身も含め，つらい気持ちも出しあい，気になることも分かり合えて，また新しい学級のつながりが生まれてきたように思えた．自分の親が話題に上ると，どんなにおとなしい子でも身を乗り出して聞き入り，考えた．よそ事にしておけない学びの必然があったのだと思う．

　学習共同体は学びのプロセスで再組織される．たまたま集ったクラスという組織は，学ぶという活動を重ね，意味を持った共同体として成長する．

　（このあと，働く人の学習は「父親の姿」，そして「地域のおじさんの姿」，「NHKの記者の姿へ」へと発展していき，卒業の時を迎えたのである．）

私（藤原）が二男を生んで休んでいたとき

3 自分をつかむ学び
―性と死をみすえて―

金森 俊朗

1 ムカツク子どもたち

　夏休みが明けた5年生の二学期。兄とのケンカで「すごくむかついた」と書いた円乃さんの作文を読み合ったのをきっかけに「むかつき」を表現した文が続々と手紙ノートに登場する。習い事にかかわるものが最も多い。口火を切ったのは絵里さんだった。

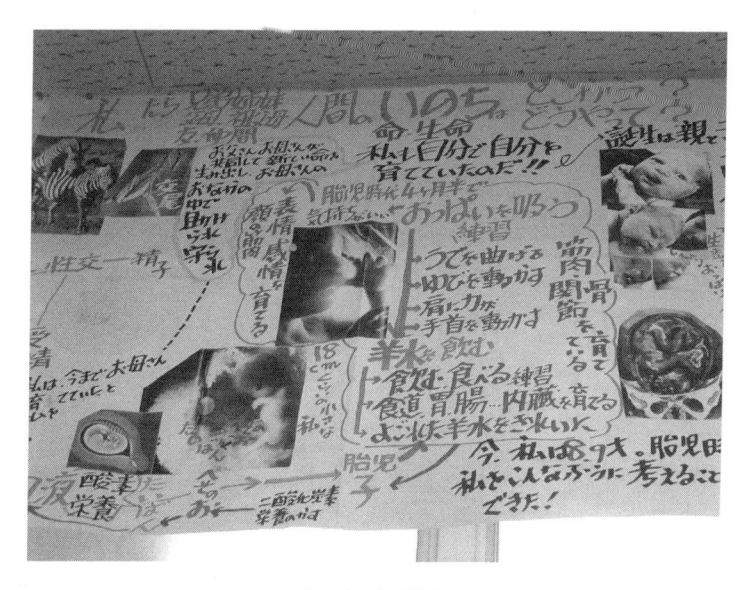

ある日の金森教室

ピアノの先生に『絵里ちゃん，どうしてこんなかんたんなものができないの』と言われました。私は下を向き『はいっ』と返事をしてもう一回ひきました。また先生が『ちがうちがう』と怒った。私は心で『ふんっ，先生，大嫌い』と思ってました。先生は『30分えんちょう』と言いました。私は心で『げえっ』と思ってしまいました。
　やっとピアノが終わった時，とっても幸せでした。そんな気持ちでバックに本を入れていたら，『しっかり練習してらっしゃい。まっ先生　期待してないけど』と，ちょ〜むかつくことをいった。私は外に出て，自転車にのって小さな声で『あのクソババア』なんて言いながら帰りました。

　教室ではひょうきんで笑顔の多い絵里さんだが，「むかつき」を押し込め，抵抗にもならない小声の悪口に終わっている。彼女は後日ピアノ教室を3回さぼり，母親にこっぴどく叱られたことも書いている。
　それらに対する子どもの反応は，「本当にむかつく先生だね。私の先生は，もっと優しいよ」「よく我慢するなあ。そんなむかつく先生なら，ぼくやったらきれてたかも」という程度で，個人の問題として受けとめている。「そんなにむかつく習い事や塾にどうして行くのかなあ。辞めればいいじゃないか。わざわざお金まで出して。ぼくには分からない。ぼくの息子が辞めたいといった時，すぐ辞めさせたよ」と，挑発してみた。反発の声が一斉にあがる。「そんなに簡単に辞めれるくらいなら苦労しませんよ。先生は俺らの苦労をわかっちゃあいない」と，剣道でくたくたになるという達也さんが反論する。
　「辞めたいといつもお母さんとけんかをするんだけど，ぼくは負けてしまうもん」と，スイミングに通う信彰さんは言う。
　「それなら作文に大いに書いてむかつきを出してみろ！少しはスカッとするだろう」と私は呼びかけた。子どもたちは喜んで書き始めた。

2 揺れている内面

　習い事や塾に対する彼らの心は複雑である。辞めて自由になりたいが，辞めれば取り残された不安が強まる。友達のようにできるようになりたいという願望も強い。父母の声も無視できない。

　しかし，思うようにできない，伸びないという悩み，悲しみもいだいている。彼らにとっては，逃げられない，常に自分の能力が判定される学校が二種類以上存在していることになる。どうしようもないいらいらが募る。だが，「なぜ，そうまでしなければならないのか」との問いを自覚的に発することができない。

　だから，この複雑な思いにすごく共感できるけれど，私から直接にこの問題をめぐって討論させることはしなかった。その頃，密かにスリルを味わうために，学級の三分の二が川の大変危険な場所で飛び込みを楽しんでいた。私が夏休みに郡上八幡の吉田川での飛び込みを得意げに報告したのに刺激を受けたらしい。彼らが「はみだし」を強めつつ，彼らが自らの力でその複雑な感情世界を友に向かって拓くことが重要な課題だと考えた。幼い頃より，「何でもできる，聞き分けのいい子」「あまり問題を起こさない普通の子」という大人の期待に過剰に適応し，疲れたり，イライラしているからである。

　その感情世界と向き合い，自覚し，仲間に向かって表現していくためにどうすればよいのか。自分の内と外に希望を見いだし，自分なりの輝きをつくっていくにはどうすればよいのだろうか。これは単に教師，親対子どもの問題ではない。〈いい学校—いい会社—高いポスト—幸せな老後〉という生き方，働き方，学び方を疑っていく課題である。この課題に少しでも迫るためには学校のありようや教育内容の改革を志向しなければならない。その中核に据えたのが「いのち（存在），輝き」をテーマにした「性と死の学び」であ

「モンシロチョウの一生」

3　自分をつかむ学び

る。

　一学期から友，山，川，土，水，どしゃぶりなどとのボディコミュニケーションを中心にした，子ども時代にふさわしい活動をこれまで以上に経験させてきた。4月初めから自然のいのちの世界との出会い，対話を重視し，その場で自分を語ることに力を注いできた。友を含む多くのいのちと共に生きていること，生かされていることを実感させ，ゆったりとものや人に接する心と体を育てようと努力してきた。

　それを土台にして，二学期は，「死」をキーワードに，自分たちの存在を根底からとらえさせたいと考えた。奇跡的な存在者としての私，その存在＝生には限りがある，と。可能な限り，「死」を自覚し「死」と対峙している人を迎えたい。ぎりぎりの生へのメッセージを聞き取ることによって私はもっと私らしく輝いて生きたい！との強い願望を育て，生き方の模索を開始させたいと考えた。

3　私たちは，偉大なる奇跡的な存在

　9月中旬，「家族全員の誕生に《死》が関係していなかったかを調べて書こう」と提起する。まず，私たち夫婦の出産体験（現在の子どもの前に死産と誕生2日後死亡の子がいた）を語る。やがて続々と調査した作文が集まり，学級物語「ゆめはこぶ」に載せた。親子三代にわたって調査した圭祐さんの報告を軸に学習を開始したのは9月下旬。

　お母さんのお母さんがおなかの大きい時，にんしん中毒症という病気になって入院しました。お医者さんにこう言われました。『お母さんかおなかの赤ちゃんか，二人のうち一人の命しか助けられません。あなたにはすでに二人のお子さんがいます。もし，お母さんが死んでしまったら，二人のお子さんにはお母さんがいなくなってしまいます。だからお母さんの方を助けましょう。残念ですが赤ちゃんの命はあ

きらめて下さい。近くお産をしますが赤ちゃんは死んで生まれてくると思います』
（略）　ボクはお母さんの話を聞いて，お母さんはすごく奇跡的な人だなぁ〜と思った。それに，その奇跡がおこらなかったら，ボクも弟も生まれてこなかったということだから，いちおうボクも奇跡！！

「ええっ，その赤ちゃんって，圭祐君のお母さんのことか！」
「圭祐，おまえ，完全に生まれとらんはずやったんやあ。すっごい，ほんまに奇跡や〜」
　そんな声を受けて，彼は引き続き祖母の空襲体験，祖父の中国への従軍体験での死の危機の聞き取りを発表。引き続いて，圭祐さんの母からの手紙を私が読む。息子の聞き取りのまとめを読み，あの時はオーバーだと笑ってしまったが，今，息子の言う通り「奇跡の人」だと。そして，自分の母の父もまた兵士として日露戦争に従軍していたことを補筆し次のように結んだ。

　私の両親も，祖父も，戦争体験があるのだということに改めて思い至ります。戦争を知らない私達の世代の幸せを，次の世代にも，その次の世代にも，ずっと伝えていけたらと思います

　それを聞いた子どもたちは次々に思いを語った。
「お母さんの言う通り。戦争で九死に一生で生き残ったから私たちが今，生きておれる」
「お母さんだけでもすごいのに，おじいちゃん，おばあちゃんも死んでもおかしくなかった訳だから，今ある命はとても奇跡的です」
「それなのにいじめで他人のいのちを考えない人は許せない。また，いじめられたって，死ぬのはおかしい。奇跡的な存在だということを知らないのではないか」
「命のつながりはもっと太いと思っていたが，考えていたよりはるかに細々

しいものだと分かりました」

「細々しいことがさらに実感されるよ」と志織さんに報告をしてもらう。当日は，保護者も同僚も自由参加。補充を志織さんの母に頼む。つわりのひどさとそれゆえの出産・誕生の喜びと自分の誕生のいきさつを生き生きと語る。

「堕ろすってどういうことですか？」

標本箱の色いろ

洋太さんが聞くと，志織さんの母は，自分の母の生活と体のために3回堕胎しなければならなかった苦悩を具体的に語る。病弱の母は，堕胎の悲しみに耐え切れず，ドクターストップを振り切って産んでくれたのが私だと。奇跡的という言葉を発するのも軽々しい雰囲気。子どもも私も言葉なく感動していた。

引き続き自分たちの誕生の危機についての調査報告がなされる。兄や姉の死があったから私が誕生した作文もあり，『死』と誕生はコインの表裏のように密接につながっていることを発見する。さらに，次の達也さんの作文のように今，学んでいる歴史の中でとらえれば，「超偉大なる奇跡の人」といってもいいんだとの確信をもったようだ。

圭祐君のお母さんは，もし死んで生まれてきたら圭祐君がここにいないことになるからこわい。ぼくもそうだったらと，今考えると，ぞーっとしてくる。

それに，今，生きている人は，ほぼ奇跡なあんだなあーと思った。だって，江戸時代やずっとずっと昔の人も戦争で生き延びた子孫だから，今，生きている人は全員奇跡なんだと思った。だってあの時，先祖が一人でも死んでいたらぼくたちはいないかも知れない。すごくこわいけど，今，生きているのがとてもうれしい

「奇跡的な存在」「今，生きていて，うれしい」とのとらえは，"もっと輝きたい"という欲求を強める。10月中旬，学級では，使い終わったプールに筏

を作って乗ろうという活動に取り組む。休日に川でやりだすグループも登場。休日を利用して遠くまで自主的に出かける探偵活動も活発になる。

　自主的な活動が最大に展開されている時，二つの「死について考える」学習に取り組む。両足を奪われた東京在住の私の友人を迎えて，「もっと輝くために…両足も母の愛も学校をも奪われた相馬靖雄さんのマラソンにかけた夢」と題する学び。さらに「私が死を考えた時のこと」を書く作文の学習である。これ以後，いじめ，死についての思いや肉親の死が手紙ノートにずっと書かれ続けるが，紙数の関係で割愛せざるを得ない。

4　心のリレーを展開

　そうした中からこれまでと違った動きが現れてくる。規代，真理さんが欠席した時，学校を挟んで反対側に住む愛弓，未奈，絵里さんが「早く元気になあ〜れ」（欠席者への班からの手紙）を届けにいく。彼女たちは，手紙ノートにその時の様子と病気を心配する心情を書く。それを読んだ啓介さんは，「う〜ん，友情だな〜」と題して次のように書く。

　それに『早く元気になあ〜れ』はもらってうれしいし，来てくれた人に『ありがとう』って気になれる。何よりももらってホッとして『あーこんな勉強してたのかー』と思うから，『早く元気になあ〜れ』は『心と心の会話』みたいだ。

　昔の金森先生のクラスは，やっぱりぼくみたいな事を思ったのかなー。だから，心と心の事を忘れずにまじめに書きたいと思いました。

　それを読んで書くことが大嫌いな保志さんも書いた。

3　自分をつかむ学び

> ぼくはよくかぜをひいて休む。その時に早く元気になあ～れをもってきてくれる。」
> 「笑わせてかぜもふきとばしてくれる。やっぱり5年4組は他とちがって，友だちの家を知り，早く元気になあ～れをとどけたりする友情のあかし。ここに転校してきて，いままでとちがうことがあった。山，川，サッカーといろいろ計画をねったりした。やっぱり5年4組は男女仲よいクラスだー

　啓介，保志さんとリレーが続いた二日間，別の手紙ノートにも心のリレーが続く。俊輔さんが国語「大造じいさんとガン」の授業で「『目にものみせてくれるぞ』と言っていた大造じいさんの気持ちが分からなかったので，こんなことが言えないのは阿呆らしいと思いました。感想や意見を言わなかった人は，他にもいたけど，ほとんど言っていたので，恥ずかしい」との文を書く。

　翌日，その俊輔さんに対して達也さんがこう呼びかける。「俊輔君のことはわかったけど，自分のことをバカだと思っちゃいけないよ。ぼくも一学期はちっとも手を挙げなかったもん。それに自分のことをバカバカと思っている心の方がバカだよ。手を挙げなくても君はバカじゃないよ。だってこんなにかん字をかけるんだもん。これだけ書けるのは，たくさん練習したんだと思う」

　達也さんは，知識豊富だが漢字を書けないことに困っている。

5　心を拓いて自分を語る‥家庭の悲劇

　今が心を拓いて自分を語れる機会だと思った。俊輔さんのように，自分を肯定できずに悩んでいる人がかなりいるはずである。私は，学級に響き合っているそれらの文を改めて紹介し，次のように訴えた。

　「こんなすばらしい仲間がいるんだ。もう出し合ってもいいんじゃないか。もっと輝こう！といっても，輝ききれない，自分の奥にある悩み，悲しみ，聞いてほしいこと，分かってほしいことが。ちょっぴりの勇気を出して書いてく

れないかな。それを共感，共有し合おうよ」

　12月の初旬。保志さんは，直接私に「相談したい」と話しにくる。お母さんが家出をしてずーっと帰ってきていない。お父さんも仕事の関係で年間ほとんど家に帰れず，施設に入れられるかも知れないという衝撃的な内容であった。

　書かれた作文を読むと，彼だけではない。子どもが内面に閉じ込めておいた苦悩は，私が予想していたものよりはるかに深く重いものであった。最も深刻な悩みを書いたのは，前年欠席がちで，いつ不登校になるか気掛かりだと前担任から言われていた真理さんだ。

　父母は離婚。受験生の姉は不登校。その姉からひどくいじめられる。別居している祖母に相談するが我慢してほしいと頼まれる。家庭の状況を決して口外するなとも厳しく言われている。父に相談したいが，仕事がうまくいかず，悩んでいる父をこれ以上心配はかけられないとひたすら自分の胸にしまっている。苦しくなって家出，自殺を何度か考えたという内容。

　作文の最後を「この悲しみをどう貫いていったらいいのだろうか」と結んでいる。悲しみは消えないということを知っている。この世に11年しか生きていない少女が，誰にも語れず自分だけの胸にしまい込んでおかなければならないことほど辛く悲しいことはない。「書いたらすーっとした。」と言って，にっこりと笑う。彼女はようやく自分を解放し，学級に少しずつ自ら語り出す。

　離婚の不安を書いた子，離婚の事実は受け入れているけれど，その痛みを感じ取れない友や教師たちへの悔しさを書いた子の作文は，全員の前で読むよりは，必要な時に，自分から語り出すことの方が自然だと真理さんに教えられる。家庭問題以外に多かったのは，学習での悩みと友達関係のものであった。

3　自分をつかむ学び

6　自分が憎い…苦しみ・悲しみの共感・共有

　これらの作文を使って,「もっといのちを輝かせるために…苦しみ,悲しみの共感,共有」と題する学習に入ったのは,12月の後半。この時期最も全員に共通する思いだと判断して,愛弓さんの作文を読み合うことにした。

　私はとっても勉強ができない。なぜかと言うと,先生の話をちゃんと聞いているけど,どうしてもわすれてしまう。おぼえていたとしてもちょっとしかおぼえていない。私はいつもいつも,私はバカだと思ってしまう。

　勉強だけだったら,ちょっとはいいと思ったけど,私は運動もできない。とび箱だって私はちょっとしかできない。でも,それだけだったらまだよかったかもしれない。だって,私はピアノとそろばんをやっているけど（略　母の傷つける言葉）

　勉強も運動もならいごともなんのとりえのない私がだんだん情けなくなった。勉強はもうなにもなくやめたいと思うようになった。ならいごとだってやめたい！と思った。私はなにもしたくなくなってきた。（略　父母がいとこと比べて自分を悪く言うこと）

　でも,私はどうしても頭がよくなりたいなーと思う。算数の時間になったり,国語の時間になったりすると,わかっているんだけどどうしても手があげられない。自信がないからだ。（略）私はこういう自分がにくくなってきた。（後半省略）

　「自分で読みます」と言い切った彼女だが,読み出すと悲しみが込み上げ,すぐに泣き出し,私が代わって読む。読み終わると,ほとんど全員が「愛弓さんの気持ちが分かる」と自分の体験と気持ちを泣きながら語る。最も長く語ったのは真理さんである。最後を「大人は子どもたちが努力をしているのを知らないでいろいろなことを勝手に決めつけて言う。もっと子どもの気持ちを知ってほしい」としめくくった。自分の体験からの叫びだと私は聞いた。体育が大の苦手な亜衣子さんは「私もやってもやってもできないから,愛弓さんの気持ちがよーく分かる。一緒にがんばろう」と呼びかけた。ずっと泣き続けていた

愛弓さんは「私の気持ちがみんなに分かってもらえてとても嬉しい」と語る。

学級は完全に大きく脱皮した感じだった。翌日，暖かく晴れている。「太陽の下，山へ行って思いっきり楽しもう！」と呼びかける。心を拓き，悲しみを共有しながら，一緒にがんばろうと呼びかけた子どもたちへのプレゼントである。学校の近くの山には誰も登ることがない急斜面がある。それを登ることに挑戦した。最も遅れたのは愛弓さん。上で待っていた達也さんが滑るように降り，愛弓さんのおしりを押して応援する。上から励ましの声援。上で待つ洸さんが手をさしだして，愛弓さんをひきあげる。歓声が上がる。

二学期終業式の午後，がんと闘いながら喜劇を演ずるマルセ太郎さんに「死の授業＝死を見つめ生を語る」をしていただいた。3日前の愛弓さんの作文を引き継いだものになった。難しい話だったが子どもたちは見事に受けとめていた。何よりも，死を見つめ今を精一杯生きるマルセさんの姿そのものが，心に「希望の原風景」となって感動的に取り込まれたと考えている。

特　　論

「フレネ教育」における「学校共同体」
―「学校協同組合」を手がかりとして―

坂本 明美

　ここでは，フランスの教育者セレスタン・フレネ（Célestin FREINET：1896－1966，以下「フレネ」）が設立した，南フランスのヴァンス（Vence）にある「フレネ学校」［以下「フレネ学校」］における現代の教育実践，及び，フレネの記述を扱いながら，「フレネ教育」における「学校共同体」について考察する。
　第一次世界大戦で肺に弾丸を受けて負傷したフレネは，反戦を通して資本主義社会への批判を行なう。彼は教師による権威的な知識伝達型の教育を批判し，子どもたちの興味や自由な表現を土台に据えた，子どもを主体とした教育の在り方を追求した。そして，教師を中心とした協同的な教育運動を展開しながら，

フレネ学校の松林にある野外劇場

「学校印刷」,「自由テクスト」,「学校新聞」,「学校間通信」,「コンフェランス」[自由研究の発表],「仕事の計画」などをはじめとする「フレネ技術（les techniques Freinet)」を形成していくとともに,子どもの学びのためのテーマ別資料や,個別学習のためのカードなど,さまざまな学習材の開発と製作に取り組んだ。公立学校の改革を目指したフレネらが展開したこの教育運動は,「現代学校運動」と呼ばれ,1957年には「現代学校運動国際連盟（la F. I. M. E. M）」も組織されている。現在,この「現代学校運動国際連盟」には,世界の26ヵ国から,合計30の組織がメンバーとなっている［2004年3月現在］。

以下では,まず,フレネ学校の近年の実践から,協同組合にも焦点を当てつつ,同校の「学校共同体」について考察する。次に,フレネにおける「学校共同体」について,1920年から第二次世界大戦直後にかけての期間を対象に,フレネの記述を歴史的に考察する。その際にも「学校協同組合（la coopérative scolaire)」を手がかりとしたい。なぜなら,フレネにおける「学校協同組合」は,「協同（la coopération)」を土台に据えて「共同体（la communauté)」概念が実体化された「組織（化）(l'organisation)」を意味していたからである。歴史的考察においては,次の三つのアプローチを行なう。第一に,フレネの記述に表れる「学校共同体」概念について考察する。第二に,フレネが「学校協同組合」をどのように捉えていたのか考察する。第三に,フレネがヴァンスに「フレネ学校」を創設した頃の,同校についての彼の構想を考察したい。

なお,フランス語の travail は,「労働」「仕事」「学び」「学習」など複数の意味を持つ。本稿においては,「仕事」が「学び」であったという意味をこめて,文脈に応じて,「仕事［学び]」,「学び［仕事]」,あるいは「仕事」,「学び」と訳した。なお,［　］は筆者による註を表すことにする。

1　ヴァンスのフレネ学校における「学校共同体」の実践

フレネが1935年にヴァンスに設立したフレネ学校は,1991年から国立学校

となり，現在も存続している。同校は，ミレイユ先生のクラス［幼児］，ブリジット先生のクラス［ほぼ日本の小学校低学年に相当］，カルメン先生のクラス［ほぼ日本の小学校中学年〜五年生に相当］，の三クラスで構成されている。フレネ学校における「学校共同体」の実践の特徴をいくつか挙げよう。個性化と協同化［共同化］との調和的な融合。表現とコミュニケーション。子ども同士の相互批評［相互評価］。子ども同士，教師と子どもとの対話的な関係。学びにおける生産。学びの成果の作品化。子どもたちの興味や経験の共有，それらの相互交流により創出される学びの道筋，などである。このような学びを支えているのが，「フレネ技術」と豊富な学習材である。

以下，「学校共同体」という視点で，≪個人と共同体との関係≫，及び，協同組合の実践に着目しながら，同校のブリジット学級とカルメン学級の実践を中心に考察したい。なお，ここで紹介するものは，フレネ学校が私立学校であった1989年の秋から初冬にかけて筆者が観察した内容[1]をはじめとし，その後，同校が国立学校になった後の数回にわたる筆者の訪問による知見も合わせる。

現在の「フレネ学校」における「学校共同体」は，集団主義にも個人主義にも陥らない≪他者との関わり≫が基盤となっている。それは，個性化と共同化［協同化］との関係が調和的に保たれているからであろう。まず，子どもたちはお互いについて関心を持っている。そして，相互の差異の尊重，他者への配慮，他者との協同［協働］，相互批評などを通して，個人も共同体もより良い方向へ向かって相互に高まり合う関係を築いている。

フレネ学校では，係［当番］の仕事や，「イニシアティヴ」と呼ばれる活動［学校共同体のために役立つことを子どもが自ら率先して行なう活動］も，「学校共同体」において重要な機能を果たしている。しかし，学校生活だけではなく，「学び」においても≪個人と共同体との関係≫を築く教育が行なわれている。

例えば，「自由テクスト」や「朝の話し合い」に代表されるように，子ども

---

1) 拙稿「フレネ学校の子どもたち」(上)，『教育』1990年5月号，国土社，56〜64頁。「　同　」(下)，『教育』1990年10月号，国土社，54〜63頁。

たち同士の表現とコミュニケーションや批評による対話的な関係づくりが行なわれている。子どもたちが描く絵についても同様に，彼らはお互いにていねいに批評し合い，時には厳しい意見も寄せる。それは，自分の率直な考えを表現し合える信頼関係が基盤にあるからだけではなく，絵に限らず，お互いにより良いものを創り出し，お互いが高まり合うことを常に目指しているからであり，それが共同体の発展につながっているのである。筆者の観察による私見を述べると，彼らにとって，自らの進歩はもちろんのこと，ともに学ぶ他者がより良い方向へ向かうことも自らの喜びとなっている，という印象を受けた。描かれた絵は教師によって点数を付けられるのではなく，教室に飾られるなど，共同体の財産となる。また，子どもたちは各自，二週間単位の「仕事の計画表」を持ち，二週間の初めに，前回の計画表の結果を参考にしつつ，教師の助言も得ながら，自己の「仕事［学び］」の目標を立てて自ら契約を結ぶ。彼らはこの「仕事の計画表」に基づいて自己の「仕事［学び］」を主体的に運営し，日々，その進み具合を計画表に記録していくが，二週間の終わりには自己評価だけでなく，クラスでの共同体による合評も行なう。「コンフェランス」［自由研究の発表］は，子どもが興味を持ったテーマについて追究した学びを，共同体で共有する場である。これらをはじめとして，フレネ学校では，子どもたちが≪個人と共同体との関係≫を築きながら学ぶ実践が行なわれており，さまざまな「技術」と「材料（matériel）」や「道具（outils）」が備えられている。

　本稿で取り上げる「学校協同組合」は，≪個人と共同体との関係≫において重要な役割を果たしている。フレネ学校の協同組合の重要な特徴は，①お金の管理も含めて子どもたちがその運営を担っている自治的な組織であること，②学校生活だけではなく「学び［仕事］」においても有機的に機能し，「学び［仕事］」を組織化し，調整し，促進させていること，である。同校の協同組合にとって大切なものが「壁新聞」である。壁新聞には，「私は批判する，私はほめる，私は希望する，私は提案する」という4つの欄が設けてあり，子どもたちは気付いた時にこれらの欄に記入する。一週間に一度開かれる協同組合の会

議は，各クラスごとの会議と学校全体の会議とが週ごとに交互に開かれ，「壁新聞」に記入された内容を中心に話し合われる。学校全体の会議の様子をみてみよう。子どもたちと教師一人ひとりが「学校共同体」の一員として集い，議長，書記，会計係を子どもが担当している。ただし，まったく子ども任せに話し合いが進められるわけではなく，教師は子どもたちによる議論をある程度見守りながら，タイミングを見計らって助言している。教師のそのサポートの仕方には，子どもたちが意見を出し合って考え解決策を導き出せるようにする，という配慮がみられる。決して教師が結論としての解決策を子どもたちに一方的に押し付けたりはしない。ここに教師の役割がある。議題としては，学校生活における諸問題，学校の行事や計画についても話し合われる。この話し合いの過程は，子どもが学校だけでなく社会においても，他者と協同し，責任感をもった一人の自立した市民として生きていくための≪市民的資質≫を養う場となる。

また，フレネ学校における規則は子どもたちが話し合って決めるが，ある子どもが規則を破ったとすると，その子どもは規則を破ったことについて当然批判は受けるが，協同組合には彼にもう一度チャンスを与えるという取り決めがある。しかし，それでもなお規則を破った場合には，「償い」として，彼に学校共同体の役に立つことを何か代わりにしてもらうことになっている。カルメン先生はこの「償い」について，「≪罰≫ではない」と断言する。例えば，ある男の子が二度も規則を破って石を投げたので，その「償い」として，彼には学校の広場にある邪魔な石を取り除いてもらうことにした。その子が石を取り除く仕事をやり終えた時，他の子どもたちは「広場がきれいになって良かった」と言って彼をほめたという。本人は，自分のしたことを≪罰≫とは考えないし，他の子どもたちも，そのようなことをさせられる彼のことをばかにしたりしないし，冷笑したりもしない。むしろ，他の子どもが手伝ってあげる場合もあるという。これと関連して，さらに，セレスタン・フレネの娘，マドレーヌ・バンス＝フレネは次のように説明してくれた。フレネ教育では，常に前進ということを考えている。代わりに何かをすることに対しては，本人もまったくひけ

めを感じないし，まわりの人も冷ややかにしたりはしない。同じ事をするにしても，≪罰だから≫やるのではなく，≪学校のために≫やるからである，と。

ところで，フレネ学校の協同組合の重要な特徴の二点目として挙げた「学び［仕事］」との関係については，フレネ自身が強く主張していたことである。フレネの記述において，「学校協同組合」の特徴は，「仕事［学び］の組織化」というキー・コンセプトで表現されている。以下では，この「仕事［学び］の組織化」という概念を中心に，フレネにおける「学校協同組合」論を手がかりとしながら，彼における「学校共同体」について歴史的に考察していきたい。

なお，フレネのクラスの子どもたちが書いたテクストの中から選ばれたものを，子どもたち自身で活字を組んで印刷し，それらを綴じたものは，当初「生活の本（livre de vie）」と呼ばれていた。この『生活の本』をバレ（BARRÉ, M.: 1995）が分析したところ，フレネのクラスで子どもたちが議長，会計係，書記を選出してクラスの協同組合が制度化されるのは1928年であるという[2]。

2 セレスタン・フレネにおける「学校共同体」の変遷過程 ―「学校協同組合」を中心に―

1920年から第二次世界大戦直後にかけてのフレネの記述を考察すると，彼における「学校共同体」概念は決して一つに定型化しておらず，歴史的に変化していたことがわかる。その変遷は，単に教育概念の変遷としてではなく，当時の教育状況，フレネが関わった歴史的事実，政治的，社会的状況との密接な関連において捉えられる必要がある。以下，(1) 1920年代を中心に，(2) 1930年代を中心に第二次世界大戦直前まで，(3) 1940～1946年まで，と三つに時期区分して，フレネにおける「学校共同体」の変遷過程を歴史的に考察する。その際に，「学校協同組合」を手がかりに考察していく。なぜならば，既に述べたように，フレネにおける「学校協同組合」は，「協同」を土台に据えて

2) BARRÉ, M.: *Célestin FREINET, un éducateur pour notre temps*, Tome I; 1896-1936, Les années fondatrices, P. E. M. F., 1995, p. 64

「共同体」概念が実体化された「組織（化）」を意味していたからである。

「学校協同組合」はフランスでは普及をみせ，主に三つの系譜が存在することになる。まず，フランスにおける「学校協同組合」は，初等教育視学官であったバルテレミー・プロフィ（Barthélémy PROFIT：1867-1946）が第一次世界大戦後に創始したとされている。これが第一の系譜である。第二に，別の初等教育視学官，エミール・ビュニョン（Émile BUGNON）は，「学校協同組合中央事務局（l'Office Central des Coopératives Scolaires）」を1928年に創設して，プロフィとは異なった，全国規模の計画で拡げた別の方式を創案した。「学校協同組合中央事務局」は，1929年に「学校協同中央事務局（l'Office Central de la Coopération à l'Ecole）」［略してl'O. C. C. E.］となる。そして，第三の系譜が，フレネの学校協同組合である。

また，ポーリエスとバレ（PAULHIÈS, M. et BARRÉ, M.: 1968）は，協同組合という用語の曖昧さを指摘し，「学校協同中央事務局［l'O. C. C. E.］」のトライユ（Toraille）による三つの分類を挙げている[3]。この分類を参考にしつつ，筆者［坂本］は，経済的側面を中心とした学校協同組合，協議の側面を中心とした学校協同組合，仕事［学び］の側面を中心とした学校協同組合，という三つの分類を考えている。

1920年代のフレネにおける「学校共同体」

1920年代前半，フレネは欧米の複数の教育理論や教育実践を吸収していくなかで，特にヨーロッパ新教育から影響を受けるが，彼の「学校共同体」概念の形成において重要な影響を与えたと考えられるのは，「革命」を経たソ連であった。

フレネは当時，「ブルジョアの」「プロレタリアの」という二つの概念を用い

---

3) PAULHIÈS, M. et BARRÉ, M.: "Coopérative scolaire et Pédagogie Freinet", in *Les Dossiers pédagogiques*, n° 34-35, ≪La coopérative scolaire au sein de la Pédagogie Freinet≫, Supplément au numéro 9 du 1er juin 1968, *L'Éducateur*, ICEM—FIMEM, p. 3

ながら彼独自の腑分けを行なっていた。彼は当時の新教育運動のなかで，裕福な家庭の子どもたちだけが通えるような，恵まれた条件や環境を備えた新学校において成立している「ブルジョアの」教育に批判的立場をとっていた。そして，民衆学校でも実践可能な新しい教育の在り方を求めた。そこで，自らの追究する教育を他の新教育とは性格が異なることを示そうとして，「民衆の新教育」と表現したり，佐藤広和（1995）[4]も言及しているように「プロレタリア新教育」という言葉で表現した。しかしながら，フレネにおいて，「ブルジョアの」「プロレタリアの」という二つの概念は完全な二項対立を示すものではなく，彼は，「ブルジョアの」教育理論や教育実践から摂取できる要素は「注意して」「プロレタリアの」学校へ「応用」しよう，というスタンスをとっていた。

　フレネのこのスタンスが，1920年代の彼における「自由な学校共同体」という概念の抽出と組み替えの過程では，直接的に表現されていた。それは，1923年夏，スイスのモントゥルーで開かれた「国際新教育連盟」第二回会議に出席したフレネが，フェリエール，ドクロリー，クジネら，新教育の要人の話を聴くが，「国際新教育連盟」を「ブルジョア的」と判断し，共産党寄りの雑誌『クラルテ（Clarté）』において，自らが支持する「プロレタリアの」「教育インターナショナル」との関係で考察した論稿においてである。高額の授業料の私立の新学校で教師の人数を増やして成立すると考えられている「一人ひとりに対応した教育（l'enseignement individualisé）」の代わりに，四〜五倍少ない職員で十分一人ひとりに対応できる教育を行なわなければならず，「共同の（en commun）教育の別の技術」が必要となる。そのためにフレネが「規律（discipline）」の観点から見て抽出したのが，子どもを大人から解放する「自由な学校共同体」だった。資本主義社会から「孤立」して成立する「自由な学校共同体」を批判的に捉えたフレネは，「革命」によって再生する「社会的環境」について考察し，「自由」を「社会的自由」へ組み替えて次のように述べる。

　「[……]自由な学校共同体はブルジョア社会にふさわしい規律でもあり得ず，

---

4) 佐藤広和『フレネ教育　生活表現と個性化教育』青木書店，1995, 21〜22頁。

生活様式でもあり得ない。それは，〈プロレタリア階級の学校〉の規律である。」

「そして，我々の見解をのちに再検討するのは覚悟して，我々は次のように考えている。古きヨーロッパの成果，ハンブルクとロシアの，より決定的な成果によって，《自由な学校共同体は，〈プロレタリア階級の学校〉の革命的形態になるだろう》と我々は断言できる，と。」

1925年夏，「全ロシア教育労働者組合」の招待により，フレネは西ヨーロッパ諸国の教師たちとソ連へ赴く。この視察は，フレネの「学校共同体」概念の形成において重要なものであったと思われる。特に，彼はこの時，「組織化」について関心を持っていたことが窺える。

フレネは，このソ連訪問についてまとめ，1927年に『ロシアの子どもたちとの一ヶ月 (Un mois avec les enfants russes)』というタイトルの小冊子を出版する。この冊子のなかで，次のようなことも描かれている。ある田舎の学校において，12〜15歳の孤児や捨て子の約250名が土地を耕し，木を伐採し，野菜を栽培してそれらを販売するなどしながら共同生活を営み，農耕用の一頭の馬と一頭の牛を飼っていた。フレネはこの様子を紹介し，「そうしたことすべてが，大家族，《学校共同体》に属する」と述べていた。また，この学校では，子どもたちが年齢に従って，「喜んで良心的に」一日に何時間も野原で仕事をしていた。その理由について，子どもたちが仕事をし自由に生活を組織するのは彼らの「共同体」のためである，とフレネは述べていた。さらに，「組織化」についてのフレネの記述として，例えば，次のような訪問した諸学校の実践を紹介している。モスクワの，ある学校について，「子どもたちは彼らの生活と仕事［学び］を自由に組織している」と述べ，「総会 (assemblée générale)」の様子を描いているが，そのなかで次のような言葉も記述されている。クラスの「案内人［指導者］(les guides)」，「学校委員会 (le Comité de l'école)」，「クラス委員会 (les Comités de classe)」など。「ピオネール (Pionniers) の組織」という言葉もみられる。また，ある教室に入り，「規律の組織化と仕事［学び］の組織化」が生み出されることになる子どもたちの討議の様子も描いている。

フレネは，ここでその「組織（化）」を見たと述べて「自治（self-governement）」という表現も使用している。一方，サラトフで視察した学校で，あるクラスにおいて，各種の「委員会（commission）」の役割と選ばれた生徒たちの名前の一覧表が作成されていた様子をフレネは記しているが，ここで彼は「仕事［学び］の組織化」と記述している。

　1928年4月，「教育労働者インターナショナル」主催で，ドイツのライプツィヒに於いて開催された国際的な研究集会「教育デー」に，フレネは参加する。その報告集に掲載されている「小学生［生徒］の間の規律」という彼の報告内容によれば，当時の彼は，欧米の新教育の複数の理論や実践とともに，ソ連から強い影響を受けていたことがわかる。この報告内容の「規律の諸形態」という章の，「学校の規律」という項目における記述のなかで，「学校協同組合」に関しては，「フランスにおけるその創始者プロフィ」を紹介しながらフレネの「理想」を次のように述べていた。「〈学校〉を組織しなければならないのは生徒たち自身である」という本質的原則のもとで，単に「〈学校〉の外形」だけではなく「学校の作業（les travaux scolaires）」までも組織する。必要な「素材（les matériaux）」を調達し学校生活を完全に組織しなければならないのは，生徒たち自身である。教師は「協働者（le collaborateur），助言者，友」となる。また，フレネは，教師と生徒との間に必要な「協働（collaboration）」がもたらすことをいくつか列挙しており，そのなかで，公立学校を「子どもの共同体（communautés enfantines）」の設立へと導く，ということも挙げている。そして，「学校の物質的，道徳的生活の組織化を担った学校協同組合の設立」を強く勧めていた。一方，この報告内容の「実践的結論」という章のなかで，「自由で社会的な仕事［学び］を目指す協同組合の設立による，学校共同体へ向けての歩み」と述べていることから，彼は「学校協同組合」を「学校共同体」の構築のための手段として位置付けていたといえよう。

　教員組合の組織である「教育連合」の機関誌『解放された学校（L'École Émancipée）』1929年5月5日号に掲載されたフレネの論稿「学校協同組合」

においては，特に「学校の社会主義化」が主張されている。フレネは，なぜ自分たちが「民衆の新しい教育学のアヴァンギャルド」であらねばならないのか述べたと記述し，新しい教育学の二つの主要な原則が「学校の自主組織化 (l'auto[-]organisation)」に緊密に関連するとして，「教師と生徒との協働」と「学校の社会主義化」を挙げている。彼の主張によれば，「新しい技術」，それらの「技術」が必要とする「新しい材料」は，決して生徒たちの個人の所有物ではない。教師は「協働」「協同」へとかり立てられる。さらに，フレネは「共同の (collectif) 材料」，「共同体の材料」という言葉も使用して，将来向かうべき「社会主義」における学校の在り方を示していた。そして，「今の民衆学校」には，「自主組織化」と「学びの道具 (les instruments) を管理，維持，改良し，自分自身の活動に責任を感じる共同体」が不可欠だ，とも主張していた。

1930年代のフレネにおける「学校共同体」

フレネが教師たちとともに組織した教育運動の機関誌の1930年代のものにおいて，上述した「学校協同組合」の三つの系譜間の違いや，教育における「協同」概念の捉え方も含めて，「学校協同組合」をめぐる複数の解釈から，意見の対立や時には混乱さえ生じながら教育運動内外の人々が議論していた。この誌上論議の詳細[5]は紙幅の都合上省略するが，以下，1930年代におけるフレネの「学校協同組合」論と「学校共同体」概念について抽出し，考察を進めよう。

『学校印刷 (L'Imprimerie à l'École)』1932年3月号に，フレネの「学校の協同」という論文が現われた。ここに「学校協同組合」あるいは「学校の協同」についての彼の基本的な考え方が打ち出されている。フレネは，「学校の協同」をめぐる「濫用」の問題を指摘し，「学校の協同」という思想は非常に新しく，大変独創的で，教育学上の利点に非常に富んでいるので，「プロレタリア教育家」の「唯一の偏見」をもって，注意深く，誠実に検討することが是非必要だ

---

[5] 拙稿「セレスタン・フレネにおける「学校共同体」概念の変遷—学校協同組合の展開を中心に—」『フランス教育学会紀要』第10号，1998年，5〜18頁。

と訴えている。そして，協同組合を，「小学生［生徒］たちの自主組織化を実現する実践的な試み」として再構成しようとした。同論文でフレネは，経済的側面だけでしかない学校協同組合を厳しく批判していた。また，彼によれば，学校協同組合の本質は「学校の共同体生活」への寄与ではなく，「学びの組織化」という「さらに特別に教育学的な形態」にあり，それが困難であれば「規律の組織化」を強化する必要があるという。「学校の学びにおいて有効な協同」を実現したと述べるフレネは，その「協同」は，議長，会計係，定められた任務，といった明確な「組織化」へ発展する傾向がある，と記述している。従って，フレネの主張を換言すれば，学校協同組合は学びの側面を中心とするものであり，そこから付随的に協議の側面や経済的側面へと発展する，と捉えていたといえるのではないだろうか。同論文で特に注目したいのは，次の「方式」である。

「私たちの方式は，学校の協同による自由な活動へ，新しい教育学へ，というものではなくなるだろう。そうではなく，私たちの新しい技術に従っての，活動的で自由な共同体活動（l'activité communautaire active et libre）から，学校の全体的な協同（la coopération scolaire totale）へ，という方式になるだろう。」

1920年代のフレネにおいて主要概念とされた「自由な学校共同体」が，ここでは一度フレネにおいて否定されている，と解釈することができるだろう。また，「私たちの技術のすべて」は「協同」を基礎とし，「単に教育学的，知的な協同だけではなく，道徳的，物質的な協同も前提とする」と述べている。特に「物質的な協同」は，物を媒介に遂行される学びにおいて不可欠であろう。彼は，「経済とクラスの活動とを子どもたちの手に再び委ねる」こと，「仕事［学び］の新しい技術に従っての共同体の協働（une collaboration communautaire）」へ子どもたちを向かわせることを，学校協同組合の「生命的な（vitale）」「第一段階」として，「教師の義務」であると述べた。

1935年に，フレネは寄宿舎を備えた「フレネ学校」をヴァンスに開校する。この前後の時期におけるフレネの記述のなかで，彼はソ連の社会に関する用語

を頻繁に使用している。それは，彼がこの時期にソ連の社会から影響を受けていたことを示しているといえよう。当時，「プロレタリアの共同体」を追求したフレネの記述に表れる「コルホーズ（kolkhoze）」は，恐らく彼が追求していた「学校共同体」の姿であり，「ピオネール（Pionniers）」[6]は，彼が理想としていた子どもたちの組織の在り方であったと考えられる。なお，「ピオネール」については，既に1920年代のフレネの記述でも彼の理想として記されている。

『プロレタリア教育者（L'Éducateur Prolétarien）』1935年6月10日増補号のフレネの論稿「ヴァンス（アルプ・マリティーム県）のフレネ学校」において，フレネ学校は子どもを「開拓者／ピオネール，人間」にするだろう，と主張している。そして，同校の教育方針を二つの柱でまとめた記述において，「総合技術の［ポリテクニック］」，「共同体の」という形容詞で表現して抱負を述べている。「総合技術の［ポリテクニック］」という用語に，ソ連の「総合技術教育」，「ポリテフニズム」からの影響が見出される。「共同体の」という内容の記述のなかでは，フレネ学校に任せられた生徒たちの理想的な社会的育成が生じることになるのは，子どもたち同士の，また，子どもたちと大人たちとの「幸せな協同」からである，とフレネは述べている。同誌1935年6月25日号のフレネの論稿「フランスで最も豊かな教育運動」において，「我々が，活動的で自由な共同体の教育（une éducation active et librement communautaire）を実現したいと望んでいるのは，人民に役立つためである」と主張していた。同誌1935年12月10日号のフレネの論稿「フレネ学校の組織化と進展」によれば，彼は，フレネ学校が「労働者たちにとって，教育的な新しい社会の萌芽となり，プロレタリアの共同体となり，ソ連が私たちに次の成果をおぼろげに見せて期待させておく未来の曙となるだろう」，と記している。

同誌1936年1月10日号のフレネの論稿「ヴァンスのプロレタリア学校」では，同校における「子どもたちの協同組合」について次のように述べている。

6)「ピオネール」は，ソ連において1922年に創設された，10歳から15歳までの子どもたちを対象とする共産主義教育の組織である。

「子どもたちの協同組合は，学校外の機関以上のものである。この協同組合が，子どもたちの真の共同体，私たちがその基礎を築こうとしているコルホーズの表れとなるように，私たちは願っている。」

『プロレタリア教育者』1939年6月15日号と7月1日号には，同年8月3日から10日にかけてパリで開催される予定であった「国際新教育連盟ヨーロッパ会議」についてのフレネの論稿が掲載されている。この会議のテーマは「教育者と民主主義的理想の実現」と予定されており，フレネが準備していた報告は「民主主義的理想に役立つ学校」であった[7]。同誌1939年6月15日号のフレネの論稿において，「議事日程のうち，我々の主要な関心事に最も合っているように思われる二点」として次の予定議題を挙げている。「民主主義の諸原理の適用のための，教育者の権利と義務」と，「民主的な学校共同体（la communauté scolaire démocratique）と生活との接触」である。この6月15日号の論稿でフレネは，一点目の「民主主義の諸原理の適用のための，教育者の権利と義務」について述べており，そのなかで，「自由は，常に共同体によって緩和され制約される。生きるためにはこの共同体が調和よく組織されなければならない」と主張している。また，学校が「道徳的なお説教と効果のない授業［レッスン］（les leçons）」を放棄して，「共同体の民主的な組織化」に断固として向かうこと，まず「活動の組織化と学び［仕事］の組織化」をフレネは求めた。なぜなら，「各人の努力の範囲が調和よく定められているグループは，今日支配的な規律の諸問題を副次的な位置に移させ得るから」という理由だった。そして，「学校協同組合」，「＜学校印刷＞と＜学校間の交流＞と自由な表現の諸技術によって動機付けられた，生き生きとした学び」，「仕事の計画」，「個人の研究」，「大人の仕事と調和させること」，「カードとコンフェランス，など」と列挙している。ここには，「フレネ技術」によって「活動の組織化と学び［仕事］の組織化」が生じ，その結果，「規律の組織化」が「副次的」に

---

7) FREINET, É.: *Naissance d'une pédagogie populaire*, François Maspero, 1976, pp.332–334, (1ʳᵉ éd., Éditions de l'École Moderne Française, 1949)

生じる，という主張が含まれているといえよう。

『プロレタリア教育者』1939年7月1日号のフレネの論稿では，上述した二点目の「民主的な学校共同体と生活との接触」について論じられている。このなかでフレネは，「日常の学び」を「望まれる民主主義（démocratisme）とは正反対の権威的なスコラ的形式主義（une scolastique）」のままにして，「規律の範囲だけの民主的な組織」を準備する，という「誤り」を指摘している。そして，「民主的な学校共同体」は「規律の方式」ではないと断言している。

「［……］それ［＝民主的な学校共同体：引用者註］は生活の中，そして毎日の努力の中にある。それは，まず学び［仕事］の組織化の中にあり，我々が望んでいる活動的な民主的共同体（la communauté démocratique active）を自覚する市民となるように子どもを習慣づける，この学び［仕事］の精神そのもののあり方にある。」

フレネは，報告者の代表が「組織化の形態」だけにとどめておくのではなく「教育の新しい諸技術」にも取り組んでほしい，と望んでいた。その「組織化の形態」は，「フランスでは，プロフィ氏が創始し彼が理解するような＜学校協同組合＞であるように思える」と述べている。一方，「教育の新しい諸技術」のなかで，特にフレネらの教育運動が推奨する諸「技術」は，「生活との接触」から生じた「本当の民主的な学校共同体」の方式に完全に応えるように思われるとして，次のようなものを挙げている。即ち，＜学校印刷＞と自由な表現，学校間通信，芸術的な仕事，習得と育成の個人の努力と共同の努力，である。なお，この論稿においては，「生活／生命」（la vie）概念も鍵概念として強調されていることも特筆に値する。

1940〜1946年のフレネにおける「学校共同体」

フレネは1940年3月20日に共産党員として逮捕され，その後，複数の収容所での生活を強いられる。釈放後，ヴァルイーズ（Vallouise）で警察の監視を受けながら暮らす。収容所とヴァルイーズで執筆した『フランスの現代学校—

民衆学校の物質的,技術的,教育学的組織化のための実践的指針』の中で,「真の教育目的」として,「子どもは,自分が役に立ち,自分の役に立つ理性的な共同体 (une communauté rationnelle) の内部で,人格を最大限に発達させるだろう」と述べている[8]。また,「組織化された学びの現れとしての理性による規律」という項目では,「明日の学校の規律は,学校共同体の活動と生活とを機能的に組織化することによって,自然に表現され,結果としてもたらされるだろう」と述べている。さらに,同項目では,「学びの物質的,技術的,教育学的組織化」が「学校の安定の本質的で決定的な要素とならなければいけない」として,「規律の問題は副次的な位置に移る」と捉えていた[9]。

『民衆の新教育の小冊子 (Brochures d'Éducation Nouvelle Populaire)』第22号 (1946年6月)「現代学校における協同」に,フレネの論稿「学校協同組合」が掲載されている。同論稿は,彼の教育運動における「成果」と「技術」との関連で「学校協同組合」について考察されているとともに,1932年の彼の論稿「学校の協同」よりも体系的に理論化されている。1932年の彼の論稿では,学校協同組合の本質は「学校の共同体生活」への寄与ではなく「学びの組織化」にある,と主張していた。一方,この1946年の論稿においては,学校協同組合が想定するものとして「新しい生活」と「新しい学び」を提示しているように,同論稿の随所で「生活」と「学び [仕事]」とを等価値のものとして共に強調している。ここでは,1946年の論稿におけるフレネの主張のなかから,彼が当時追究していた学校協同組合の特徴をいくつか挙げよう。

フレネらの教育運動におけるすべての「材料」は,「新しい学び」のために構想されており,たいてい「共同の材料,共同体の材料」であり,「協同的な組織化」を促す。「印刷の材料」が教室に導入されることは,「方向の根本的な

---

8) FREINET, C.: *L'École moderne française—Guide pratique pour l'organisation matérielle, technique et pédagogique de l'école populaire—*, Ophrys, 4ᵉ éd. 1948, pp.13-14, (Ophrys社からの初版は1945年。) なお,引用は,邦訳を参考にしながら,筆者 [坂本] が原文を訳したものである。(フレネ著,宮ヶ谷徳三訳『手仕事を学校へ』黎明書房,1984年,17頁。)

9) *Ibid.,* p.17 (同書,22頁。ただし,本文における引用は坂本の翻訳による。)

転換」を想定する。この印刷の「材料」は皆のものであり、その「材料」が可能とする「仕事[学び]」は、「チームの仕事［学び］(le travail d'équipe)」にしかなり得ないだろう。それは、「少なくとも協調や組織化の萌芽、規則を想定する」。このことは、カード、デッサン、通信、美術館［博物館］、科学的な学び、庭の管理、映画、レコードについても同様である。「あなたがこの材料を持ったら、あなたはもはや協同を説明する必要はない。協同は必要性である。」「何もないまま組織化するのではなく、あなたの学校の生活のプロセスに仕事[学び]の現代的実践を導入しなさい。」「＜学校の協同＞によって、学校における活動と学びと生活の組織化を実際に担当するのは、子どもたちである。」「あなたはきっと、子どもたちによって子どもたちのために実現される＜学校協同組合＞を得るだろう。」「［……］＜学校協同組合＞は、あなたの学び[仕事]の生きた必要性になっているだろう［……］」。これらの主張から、学校協同組合についてフレネが批判していた次のような対象も理解できるだろう。例えば、経済的側面しかみないこと、形式主義、規約からの出発、官僚的な組織化、課外活動としての学校協同組合などである。「生活に直接、まず機能（la fonction）を創り出しなさい。そうすれば、次に機能が機関（l'organe）を創り出すだろう。」というフレネの主張に、彼の論理的筋道が見出される。

フレネの主張から ―「仕事[学び]の組織化」―

　1920年から第二次世界大戦直後にかけてのフレネの記述の考察から明らかになったことは、次のようなことである。フレネの教育実践史において、彼の「学校共同体」観、「学校協同組合」論に、ソ連の社会主義の影響が刻印されていた時期があった。フレネはヨーロッパ新教育をはじめとして欧米の複数の教育理論や教育実践を吸収しながら、ソ連の社会主義の影響とともに、彼独自の再構成を試みていたといえよう。この試行錯誤の過程において、フレネは個別化にも着目したが、「協同」に基づく「共同体」の構築も追究した。

　フレネの「学校協同組合」についての主張を概観してみると、彼はプロフィ

の「学校協同組合」から影響を受けてはいたが,「材料（matériel）」や「道具（outils）」を媒介とした「仕事［学び］の組織化」による「協同」が,フレネの「学校協同組合」論の核となっていた。また,フレネの主張する「仕事［学び］の組織化」においては,「技術」も重要な役割を果たしていた。「フレネ技術」と呼ばれる諸技術によって,「材料」や「道具」を媒介とした子どもたちの新しい「仕事［学び］の組織化」が促される。その過程において「必要性」として生じる「協同」を,子ども同士,「協働者」としての大人と子どもとの間に築き,「共同体」を構築しようとフレネは試みたといえるだろう。

　さらに,学校協同組合における上述した三つの側面について述べるならば,フレネは「仕事［学び］」の側面を中心とした学校協同組合を追求していた。そして,「仕事［学び］」を中心とすることによって,協議の側面も経済的側面も自然に備わってくるような学校協同組合が,「学校自体のなかで」「子どもたちによって」組織されることを追究していたといえよう。フレネは,「学校協同組合」を手がかりとして,経済的側面も含めて,学校をもとにした「共同体」の構築を試みたといえるだろう。

フレネ学校にあるこの大きな木は,「パパ・フレネの木」と呼ばれ,子どもたちに親しまれている。

おわりに

（1）
　言うまでもなく,「特別活動」は, 中学校の場合「各教科」,「道徳」ならびに「総合的学習」（高等学校の場合「各教科・科目」。「道徳」は領域として含まれていない）とともに, 我が国の学校教育行政上の教育領域を表す概念である。それぞれが定められた年間授業時数を持つ。前三者は教育内容を示す小領域が定められているのに対し,「総合的学習」は, 例示があるものの, 小領域は定められていない。また,「各教科」は文部大臣の検定を受けた「教科用図書」（いわゆる教科書）を使用しなければならないが, 他は「教科用図書」はない。これらの特徴をまとめると, 我が国の中等及びそれ以下の学校教育は, 1. 領域主義であること, 2. 領域に, 教科書使用と非使用の区分を採り入れていること, 3. 教科書非使用である場合に, 内容の統制と非統制の区分を採り入れていること, ということになる。
　しかしながら, 地方教育行政に目を向けると, 国家基準とは異なった現実態を見ることができる。「各教科」に関しては別として, たとえば「道徳」では,「魅力的な教材」「地域的な教材」の「開発と活用」が「学習指導要領」の「第3　指導計画の作成と内容上の取り扱い」に薦められているが, 地方自治体の教育行政で特定資料集の一括導入を図り, それを「道徳」の教材として指定しているところが少なくない。地域的ではあるが, 教育現場からすれば, 教科書に準ずる扱いとされている。もしそれが各学校に対して使用義務について各自治体による行政命令が出されていれば, 不使用の場合, 行政命令違反として懲戒処分がなされることもあり得るのだが, 寡聞にしてそのような事例を聞き及んでいない。ところが, 近年「国旗」「国歌」の問題では,「特別活動」における「儀式的行事」について, 儀式形態, その進行形式にいたるマニュアルが自

治体行政当局によって作成され，その遵守義務が行政命令によって課せられるという傾きが強まっている。もちろんマニュアル通りに実施されているかの点検もなされている。「各教科」で使用が義務づけられている教科書の取り扱いや先に触れた「道徳」の資料集の取り扱いは，よほどの違反がない限り，ある程度，各学校の裁量の自由に委ねられているが，先の「儀式的行事」に関しては裁量の自由の余地がほとんどなかったと言われている。

　こうした問題がなぜ起こりうるのかを考えるは，教師を目指す諸氏には大切な学習課題であろう。国の教育行政，地方の教育行政そして学校現場での齟齬の中で一番混乱させられるのは，他ならぬ，教育を受ける当体，すなわち生徒である。生徒にとってもっとも大切な教育とはどうあるべきかを考えるとともに，それを実現するための教育に関する権力関係が，具体的に，つまり本書の立場で言えば「特別活動」においてどのような現実にあるのか，そしてもし矛盾が大きいならばどのように打開していくべきかを，是非議論しあってほしいものである。

　（2）

　ところで，先にも触れた通り「特別活動」で年間授業時間が定められている内容は「学級活動」（小学校，中学校），「ホームルーム活動」（高等学校）である。その他の「生徒会活動」（小学校は「児童会活動」）・「クラブ活動」（小学校のみ，4年生以上）・「学校行事」については「適切な授業時数を充てる」とされ授業時数はとくに定められていない。「学級活動」「ホームルーム活動」は，学級担任が日常的にその指導に当たるという意味において，他の「特別活動」の小領域（内容）に比して特別な意味を持つと言えよう。以下，このことについて触れておきたい。

　活動過程の系統性の主たる担い手は教師か生徒かということに尽きる問題であるが，「教科」教育の学習過程の系統性の担い手は教師であり，「教科外」教育の活動過程の系統性の担い手は生徒であるという立場か，それとも「教科」教育，「教科外」教育のいずれも問わず，系統性の主たる担い手は，可能な限

り生徒に委ねるべきだという立場か。あるいは、「特別活動」に「教科」教育的性格を持たせるべきか持たせるべきでないか。教育学上、学校教育は領域区分と機能区分とに分けられて理解されてきた。領域を「何を教えるか」を区分するものとし、機能を「どう教えるか」を区分するものとする。「何を」については法令主義に基づいて既定のものである限り、現場教師の主体的力量が発揮できるのは「どう」である。本書は、このような事情から、両論併記的な成り立ちとなっている。

さて、「学級活動」は、たとえば中学校の場合、
「(1) 学級や学校の生活の充実と向上に関すること。
　学級や学校における生活上の諸問題の解決、学級内の組織づくりや仕事の分担処理、学校における多様な集団の生活の向上など
(2) 個人及び社会の一員としての在り方、健康や安全に関すること。
　ア　青年期の不安や悩みとその解決、自己及び他者の個性の理解と尊重、社会の一員としての自覚と責任、男女相互の理解と協力、望ましい人間関係の確立、ボランティア活動の意義の理解など
　イ　心身ともに健康で安全な生活態度や習慣の形成、性的な発達への適応、学校給食と望ましい食習慣の形成など
(3) 学業生活の充実、将来の生き方と進路の適切な選択に関すること。
　学ぶことの意義の理解、自主的な学習態度の形成と学校図書館の利用、選択教科等の適切な選択、進路適性の吟味と進路情報の活用、望ましい職業観・勤労観の形成、主体的な進路の選択と将来設計など」
と「学習指導要領」に指針が示されている。(1)は学校・学級集団の一員として、(2)は広く社会の一員として、(3)は自らの将来像を探究することによって、自己形成することが到達されるべき内容となっている。「学級」や「ホームルーム」は生徒たちにとって学校生活の基盤であり、コア（中核）でもある。おそらくもっとも帰属意識が強く働く場であろう。「生徒会活動」や「学校行事」の諸活動とも密接に関わっている。「学級」や「ホームルーム」でそれら

のための討議・実践などの自治活動もなされるのが常態である。それに留まらず、一言で言えば「人生論的な問い」とそのための試行もなされる活動場として有効に働く。これらを、「学校生活」と言うところの「生活」に対して、狭義の「生活」としておく。この狭義の「生活」を意図的計画的に、すなわち教育的指針を持って行うのが「学級活動」であり「ホームルーム活動」である。

　本書第2部に収めた金森・藤原両実践は、それぞれ「総合的な学習」「教科」の実践の成果として綴られているが、両実践ともその基底にある問題意識は、「学級」の「生活」に顕在化した「人生論的な問い」のもつれた糸を解きほぐすところにある。そこには教師からの問題の投げかけ、子どもからの「問い」、両者による整理と発展という営みがなされている。編者は、これらの実践を、「学級活動」の取り組みへと普遍化できると考え、本書に収録した。もちろん、「学級活動」は本来、学校生活に関する、生徒の自治的な活動に委ねられるべきであり、訓育的側面であるべきだという考えから見れば、いかにも両実践は、教師主導とも見ることができるし、陶冶的であるとも見ることができる。しかしながら、「生活」を組織するためには、時には教師が、時には生徒が、そして時には両者がイニシアティブを取り、時には訓育的であり、時には陶冶的であり、そして時には訓育と陶冶とが同時に機能することが必要である。それは「学習」を組織することにおいても同様である。このことについても、読者諸氏による議論を待ちたい。

　最後に、本書編者の一人である白井慎氏が編集途中で病に倒れられ、今では健康を取り戻されつつあるが、本書出版を常に気にしておられた。にもかかわらず、出版予定を大幅に遅らせてしまう結果となった。さらに、早くから原稿を頂戴した諸先生方にもご迷惑をおかけすることになってしまった。深くお詫び申し上げたい。

川口　幸宏

〔資　料〕

○教育基本法

（昭和22年3月31日　法律第25号）

　われらは，さきに，日本国憲法を確定し，民主的で文化的な国家を建設して，世界の平和と人類の福祉に貢献しようとする決意を示した。この理想の実現は，根本において教育の力にまつべきものである。

　われらは，個人の尊厳を重んじ，真理と平和を希求する人間の育成を期するとともに，普遍的にしてしかも個性ゆたかな文化の創造をめざす教育を普及徹底しなければならない。

　ここに，日本国憲法の精神に則り，教育の目的を明示して，新しい日本の教育を確立するため，この法律を制定する。

第1条〔教育の目的〕　教育は，人格の完成をめざし，平和的な国家及び社会の形成者として，真理と正義を愛し，個人の価値をたつとび，勤労と責任を重んじ，自主的精神に充ちた心身ともに健康な国民の育成を期して行われなければならない。

第2条〔教育の方針〕　教育の目的は，あらゆる機会に，あらゆる場所において実現されなければならない。この目的を達成するためには，学問の自由を尊重し，実際生活に即し，自発的精神を養い，自他の敬愛と協力によつて，文化の創造と発展に貢献するように努めなければならない。

第3条〔教育の機会均等〕　すべて国民は，ひとしく，その能力に応ずる教育を受ける機会を与えられなければならないものであつて，人種，信条，性別，社会的身分，経済的地位又は門地によつて，教育上差別されない。

② 国及び地方公共団体は，能力があるにもかかわらず，経済的理由によつて修学困難な者に対して，奨学の方法を講じなければならない。

第4条〔義務教育〕　国民は，その保護する子女に，9年の普通教育を受けさせる義務を負う。

② 国又は地方公共団体の設置する学校における義務教育については，授業料は，これを徴収しない。

第5条〔男女共学〕　男女は，互に敬重し，協力し合わなければならないものであつて，教育上男女の共学は，認められなければならない。

第6条〔学校教育〕　法律に定める学校は，公の性質をもつものであつて，国又は地方公共団体の外，法律に定める法人のみが，これを設置することができる。

② 法律に定める学校の教員は，全体の奉仕者であつて，自己の使命を自覚し，その職責の遂行に努めなければならない。このためには，教員の身分は，尊重され，その待遇の適正が，期せられなければならない。

第7条〔社会教育〕　家庭教育及び勤労の場所その他社会において行われる教育は，国及び地方公共団体によつて奨励されなければならない。

② 国及び地方公共団体は，図書館，博物館，公民館等の施設の利用その他適当な方法によつて教育の目的の実現に努めなければならない。

第8条〔政治教育〕　良識ある公民たるに必要な政治的教養は，教育上これを尊重しなければならない。

② 法律に定める学校は，特定の政党を支持し，又はこれに反対するための政治教育その他政治的活動をしてはならない。

第9条〔宗教教育〕　宗教に関する寛容の態度及び宗教の社会生活における地位は，教育上これを尊重しなければならない。

② 国及び地方公共団体が設置する学校は，特定の宗教のための宗教教育その他宗教的活動をしてはならない。

第10条〔教育行政〕　教育は，不当な支配に服することなく，国民全体に対し直接に責任を負つて行われるべきものである。

② 教育行政は，この自覚のもとに，教育の目的を遂行するに必要な諸条件の整備確立を目標として行われなければならない。

第11条〔補則〕　この法律に掲げる諸条項を実施するために必要がある場合には，適当な法令が制定されなければならない。

※この教育基本法は，現在（2005年1月）政府によってその改定がすすめられようとしている。しかし，この基本法がわが国の戦後の教育に果たした歴史的意味は失われないであろう。そのうちとくに第2条，第8条，第10条等は本書で取扱われる「特別活動」をめぐる諸問題とも深いかかわりがある。

○学校教育法施行規則（抄）

（昭和22年5月23日
文部省令第11号）

第24条 小学校の教育課程は，国語，社会，算数，理科，生活，音楽，図画工作，家庭及び体育の各教科（以下本節中「各教科」という。）道徳，特別活動並びに総合的な学習の時間によって編成するものとする。

第53条 中学校の教育課程は，必修教科，選択教科，道徳，特別活動及び総合的な学習の時間によって編成するものとする。

第57条 高等学校の教育課程は，別表第3に定める各教科に属する科目，特別活動及び総合的な学習の時間によって編成するものとする。（別表第3略）

別表第1 （第24条の2関係）小学校の各学年の授業時数

区分	各教科の授業時数								道徳の授業時数	特別活動の授業時数	総合的な学習の時間の授業時数	総授業時数
	国語	社会	算数	理科	生活	音楽	図画工作	家庭	体育				

区分	国語	社会	算数	理科	生活	音楽	図画工作	家庭	体育	道徳	特別活動	総合的な学習	総授業時数
第1学年	272		114		102	68	68		90	34	34		782
第2学年	280		155		105	70	70		90	35	35		840
第3学年	235	70	150	70		60	60		90	35	35	105	910
第4学年	235	85	150	90		60	60		90	35	35	105	945
第5学年	180	90	150	95		50	50	60	90	35	35	110	945
第6学年	175	100	150	95		50	50	55	90	35	35	110	945

備考
1 この表の授業時数の1単位時間は，45分とする。
2 特別活動の授業時数は，小学校学習指導要領で定める学級活動（学校給食に係るものを除く。）に充てるものとする。

別表第2 （第54条関係）中学校の各学年の授業時数

区分	必修教科の授業時数								道徳の授業時数	特別活動の授業時数	選択教科等に充てる授業時数	総合的な学習の時間の授業時数	総授業時数
	国語	社会	算数	理科	音楽	美術	保健体育	技術・家庭	外国語					

区分	国語	社会	算数	理科	音楽	美術	保健体育	技術・家庭	外国語	道徳	特別活動	選択教科等	総合的な学習	総授業時数
第1学年	140	105	105	105	45	45	90	70	105	35	35	0〜30	70〜100	980
第2学年	105	105	105	105	35	35	90	70	105	35	35	50〜85	70〜105	980
第3学年	105	85	105	80	35	35	90	35	105	35	35	105〜165	70〜130	980

備考
1 この表の授業時数の1単位時間は，50分とする。
2 特別活動の授業時数は，中学校学習指導要領で定める学級活動（学校給食に係るものを除く。）に充てるものとする。

○文部（科学）省『学習指導要領』

（小学校，中学校は平成10（1998）年，
高等学校は平成11（1999）年告示）

・いづれも第4章特別活動

小 学 校

第1 目　標
　望ましい集団活動を通して，心身の調和のとれた発達と個性の伸長を図るとともに，集団の一員としての自覚を深め，協力してよりよい生活を築こうとする自主的，実践的な態度を育てる。

第2 内　容
　A　学級活動
　　学級活動においては，学級を単位として，学級や学校の生活の充実と向上を図り，健全な生活態度の育成に資する活動を行うこと。
　(1) 学級や学校の生活の充実と向上に関すること。
　　学級や学校における生活上の諸問題の解決，学級内の組織づくりや仕事の分担処理など。
　(2) 日常の生活や学習への適応及び健康や安全に関すること。
　　希望や目標をもって生きる態度の形成，基本的な生活習慣の形成，望ましい人間関係の育成，学校図書館の利用，心身ともに健康で安全な生活態度の形成，学校給食と望ましい食習慣の形成など。
　B　児童会活動
　　児童会活動においては，学校の全児童をもって組織する児童会において，学校生活の充実と向上のために諸問題を話し合い，協力してその解決を図る活動を行うこと。
　C　クラブ活動
　　クラブ活動においては，学年や学級の所属を離れ，主として第4学年以上の同好の児童をもって組織するクラブにおいて，共通の興味・関心を追求する活動を行うこと。
　D　学校行事
　　学校行事においては，全校又は学年を単位として，学校生活に秩序と変化を与え，集団への所属感を深め，学校生活の充実と発展に資する体験的な活動を行うこと。
　(1) 儀式的行事
　　学校生活に有意義な変化や折り目を付け，厳粛で清新な気分を味わい，新しい生活の展開への動機付けとなるような活動を行うこと。
　(2) 学芸的行事
　　平素の学習活動の成果を総合的に生かし，その向上の意欲を一層高めるような活動を行うこと。
　(3) 健康安全・体育的行事
　　心身の健全な発達や健康の保持増進などについての関心を高め，安全な行動や規律ある集団行動の体得，運動に親しむ態度の育成，責任感や連帯感の涵養，体力の向上などに資するような活動を行うこと。
　(4) 遠足・集団宿泊的行事
　　平素と異なる生活環境にあって，見聞を広め，自然や文化などに親しむとともに，集団生活の在り方や公衆道徳などについての望ましい体験を積むことができるような活動を行うこと。
　(5) 勤労生産・奉仕的行事
　　勤労の尊さや生産の喜びを体得するとともに，ボランティア活動など社会奉仕の精神を涵養する体験が得られるような活動を行うこと。

第3　指導計画の作成と内容の取扱い
　1　指導計画の作成に当たっては，次の事項に配慮するものとする。
　(1) 学校の創意工夫を生かすとともに，学校の実態や児童の発達段階などを考慮し，児童による自主的，実践的な活動が助長されるようにすること。また，家庭や地域の人々との連携，社会教育施設等の活用などを工夫すること。
　(2) 学級活動などにおいて，児童が自ら現在及び将来の生き方を考えることができるよう工夫すること。
　(3) クラブ活動については，学校や地域の実態等を考慮しつつ児童の興味・関心を踏まえて計画し実施できるようにすること。
　2　第2の内容の取扱いについては，次の事項に配慮するものとする。
　(1) 学級活動，児童会活動及びクラブ活動の指導については，指導内容の特質に応じて，教師の適切な指導の下に，児童の自発的，自治

的な活動が効果的に展開されるようにするとともに，内容相互の関連を図るよう工夫すること。
(2) 学級活動については，学校や児童の実態に応じて取り上げる指導内容の重点化を図るようにすること。また，生徒指導との関連を図るようにすること。
(3) 児童会活動の運営は，主として高学年の児童が行うこと。
(4) 学校行事については，学校や地域及び児童の実態に応じて，各種類ごとに，行事及びその内容を重点化するとともに，行事間の関連や統合を図るなど精選して実施すること。また，実施に当たっては，幼児，高齢者，障害のある人々などとの触れ合い，自然体験や社会体験などを充実するよう工夫すること。
3 入学式や卒業式などにおいては，その意義を踏まえ，国旗を掲揚するとともに，国歌を斉唱するよう指導するものとする。

中 学 校

第1 目　標
　望ましい集団活動を通して，心身の調和のとれた発達と個性の伸長を図り，集団や社会の一員としてよりよい生活を築こうとする自主的，実践的な態度を育てるとともに，人間としての生き方についての自覚を深め，自己を生かす能力を養う。

第2 内　容
　A　学級活動
　　学級活動においては，学級を単位として，学級や学校の生活への適応を図るとともに，その充実と向上，生徒が当面する諸課題への対応及び健全な生活態度の育成に資する活動を行うこと。
　(1) 学級や学校の生活の充実と向上に関すること。
　　　学級や学校における生活上の諸問題の解決，学級内の組織づくりや仕事の分担処理，学校における多様な集団の生活の向上など
　(2) 個人及び社会の一員としての在り方，健康や安全に関すること。
　　ア　青年期の不安や悩みとその解決，自己及び他者の個性の理解と尊重，社会の一員としての自覚と責任，男女相互の理解と協力，望ましい人間関係の確立，ボランティア活動の意義の理解など
　　イ　心身ともに健康で安全な生活態度や習慣の形成，性的な発達への適応，学校給食と望ましい食習慣の形成など
　(3) 学業生活の充実，将来の生き方と進路の適切な選択に関すること。
　　　学ぶことの意義の理解，自主的な学習態度の形成と学校図書館の利用，選択教科等の適切な選択，進路適性の吟味と進路情報の活用，望ましい職業観・勤労観の形成，主体的な進路の選択と将来設計など
　B　生徒会活動
　　生徒会活動においては，学校の全生徒をもって組織する生徒会において，学校生活の充実や改善向上を図る活動，生徒の諸活動についての連絡調整に関する活動，学校行事への協力に関する活動，ボランティア活動などを行うこと。
　C　学校行事
　　学校行事においては，全校又は学年を単位として，学校生活に秩序と変化を与え，集団への所属感を深め，学校生活の充実と発展に資する体験的な活動を行うこと。
　(1) 儀式的行事
　　　学校生活に有意義な変化や折り目を付け，厳粛で清新な気分を味わい，新しい生活の展開への動機付けとなるような活動を行うこと。
　(2) 学芸的行事
　　　平素の学習活動の成果を総合的に生かし，その向上の意欲を一層高めるような活動を行うこと。
　(3) 健康安全・体育的行事
　　　心身の健全な発達や健康の保持増進などについての理解を深め，安全な行動や規律ある集団行動の体得，運動に親しむ態度の育成，責任感や連帯感の涵養，体力の向上などに資するような活動を行うこと。
　(4) 旅行・集団宿泊的行事
　　　平素と異なる生活環境にあって，見聞を広め，自然や文化などに親しむとともに，集団生活の在り方や公衆道徳などについての望ましい体験を積むことができるような活動を行うこと。
　(5) 勤労生産・奉仕的行事
　　　勤労の尊さや創造することの喜びを体得し，職業や進路にかかわる啓発的な体験が得られるようにするとともに，ボランティア活動な

ど社会奉仕の精神を養う体験が得られるような活動を行うこと。

第3 指導計画の作成と内容の取扱い
1 指導計画の作成に当たっては，次の事項に配慮するものとする。
  (1) 学校の創意工夫を生かすとともに，学校の実態や生徒の発達段階などを考慮し，教師の適切な指導の下に，生徒による自主的，実践的な活動が助長されるようにすること。また，家庭や地域の人々との連携，社会教育施設等の活用などを工夫すること。
  (2) 生徒指導の機能を十分に生かすとともに，教育相談（進路相談を含む。）についても，生徒の家庭との連絡を密にし，適切に実施できるようにすること。
  (3) 学校生活への適応や人間関係の形成，選択教科や進路の選択などの指導に当たっては，ガイダンスの機能を充実するよう学習活動等の指導を工夫すること。
2 第2の内容の取扱いについては，次の事項に配慮するものとする。
  (1) 学級活動については，学校や生徒の実態に応じて取り上げる指導内容の重点化を図るようにすること。また，個々の生徒についての理解を深め，信頼関係を基礎に指導を行うとともに，指導内容の特質に応じて，教師の適切な指導の下に，生徒の自発的，自治的な活動が助長されるようにすること。
  (2) 生徒会活動については，教師の適切な指導の下に，生徒の自発的，自治的な活動が展開されるようにすること。
  (3) 学校行事については，学校や地域及び生徒の実態に応じて，各種類ごとに，行事及びその内容を重点化するとともに，行事間の関連や統合を図るなど精選して実施すること。また，実施に当たっては，幼児，高齢者，障害のある人々などとの触れ合い，自然体験や社会体験などを充実するよう工夫すること。
3 入学式や卒業式などにおいては，その意義を踏まえ，国旗を掲揚するとともに，国歌を斉唱するよう指導するものとする。

高等学校

第1 目 標
  望ましい集団活動を通して，心身の調和のとれた発達と個性の伸長を図り，集団や社会の一員としてよりよい生活を築こうとする自主的，実践的な態度を育てるとともに，人間としての在り方生き方についての自覚を深め，自己を生かす能力を養う。

第2 内 容
  A ホームルーム活動
    ホームルーム活動においては，学校における生徒の基礎的な生活集団として編成したホームルームを単位として，ホームルームや学校の生活への適応を図るとともに，その充実と向上，生徒が当面する諸課題への対応及び健全な生活態度の育成に資する活動を行うこと。
    (1) ホームルームや学校の生活の充実と向上に関すること。
        ホームルームや学校における生活上の諸問題の解決，ホームルーム内の組織づくりと自主的な活動，学校における多様な集団の生活の向上など
    (2) 個人及び社会の一員としての在り方生き方，健康や安全に関すること。
      ア 青年期の悩みや課題とその解決，自己及び他者の個性の理解と尊重，社会生活における役割の自覚と自己責任，男女相互の理解と協力，コミュニケーション能力の育成と人間関係の確立，ボランティア活動の意義の理解，国際理解と国際交流など
      イ 心身の健康と健全な生活態度や習慣の確立，生命の尊重と安全な生活態度や習慣の確立など
    (3) 学業生活の充実，将来の生き方と進路の適切な選択決定に関すること。
        学ぶことの意義の理解，主体的な学習態度の確立と学校図書館の利用，教科・科目の適切な選択，進路適性の理解と進路情報の活用，望ましい職業観・勤労観の確立，主体的な進路の選択決定と将来設計など
  B 生徒会活動
    生徒会活動においては，学校の全生徒をもって組織する生徒会において，学校生活の充実や改善向上を図る活動，生徒の諸活動についての連絡調整に関する活動，学校行事への協力に関する活動，ボランティア活動などを行うこと。
  C 学校行事
    学校行事においては，全校若しくは学年又はそれらに準ずる集団を単位として，学校生活に

秩序と変化を与え，集団への所属感を深め，学校生活の充実と発展に資する体験的な活動を行うこと。
　(1)　儀式的行事
　　　学校生活に有意義な変化や折り目を付け，厳粛で清新な気分を味わい，新しい生活の展開への動機付けとなるような活動を行うこと。
　(2)　学芸的行事
　　　平素の学習活動の成果を総合的に生かし，その向上の意欲を一層高めるような活動を行うこと。
　(3)　健康安全・体育的行事
　　　心身の健全な発達や健康の保持増進などについての理解を深め，安全な行動や規律ある集団行動の体得，運動に親しむ態度の育成，責任感や連帯感の涵養，体力の向上などに資するような活動を行うこと。
　(4)　旅行・集団宿泊的行事
　　　平素と異なる生活環境にあって，見聞を広め，自然や文化などに親しむとともに，集団生活の在り方や公衆道徳などについての望ましい体験を積むことができるような活動を行うこと。
　(5)　勤労生産・奉仕的行事
　　　勤労の尊さや創造することの喜びを体得し，職業観の形成や進路の選択決定などに資する体験が得られるようにするとともに，ボランティア活動など社会奉仕の精神を養う体験が得られるような活動を行うこと。

第3　指導計画の作成と内容の取扱い
　1　指導計画の作成に当たっては，次の事項に配慮するものとする。
　(1)　学校の創意工夫を生かすとともに，学校の実態や生徒の発達段階及び特性等を考慮し，教師の適切な指導の下に，生徒による自主的，実践的な活動が助長されるようにすること。その際，ボランティア活動や，就業体験など勤労にかかわる体験的な活動の機会をできるだけ取り入れるとともに，家庭や地域の人々との連携，社会教育施設等の活用などを工夫すること。
　(2)　生徒指導の機能を十分に生かすとともに，教育相談（進路相談を含む。）についても，生徒の家庭との連絡を密にし，適切に実施できるようにすること。
　(3)　学校生活への適応や人間関係の形成，教科・科目や進路の選択などの指導に当たっては，ガイダンスの機能を充実するようホームルーム活動等の指導を工夫すること。
　(4)　人間としての在り方生き方の指導がホームルーム活動を中心として，特別活動の全体を通じて行われるようにすること。その際，他の教科，特に公民科との関連を図ること。
　2　内容の取扱いについては，次の事項に配慮するものとする。
　(1)　ホームルーム活動については，学校や生徒の実態に応じて取り上げる指導内容の重点化を図るようにすること。また，個々の生徒についての理解を深め，信頼関係を基礎に指導を行うとともに，指導内容の特質に応じて，教師の適切な指導の下に，生徒の自発的，自治的な活動が助長されるようにすること。
　(2)　生徒会活動については，教師の適切な指導の下に，生徒の自発的，自治的な活動が展開されるようにすること。
　(3)　学校行事については，学校や地域及び生徒の実態に応じて，各種類ごとに，行事及びその内容を重点化するとともに，行事間の関連や統合を図るなど精選して実施すること。また，実施に当たっては，幼児，高齢者，障害のある人々などとの触れ合い，自然体験や社会体験などを充実するよう工夫すること。
　(4)　特別活動の一環として学校給食を実施する場合には，適切な指導を行うこと。
　3　入学式や卒業式などにおいては，その意義を踏まえ，国旗を掲揚するとともに，国歌を斉唱するよう指導するものとする。
　4　ホームルーム活動については，主としてホームルームごとにホームルーム担任の教師が指導することを原則とし，活動の内容によっては他の教師などの協力を得ることとする。

著者紹介

＊白井　　慎	法政大学名誉教授	
＊西村　　誠	東洋大学名誉教授	
＊川口　幸宏	学習院大学教授	
鎌倉　　博	私立和光小学校教諭・日本生活教育連盟事務局長	
神代　洋一	NPO法人　東京少年少女センター理事長	
宮下　　聡	東京都町田市立鶴川第二小学校教諭	
笹本　重子	日本女子体育大学助教授	
山岡　雅博	東京都北区立田端中学校教諭	
藤原　共子	山口県岩国市立灘小学校教諭	
金森　俊朗	石川県金沢市立西南部小学校教諭	
坂本　明美	埼玉大学非常勤講師・お茶の水女子大学附属小学校非常勤講師	

（＊…編者，執筆順）

新 特 別 活 動
――文化と自治の力を育てるために

2005年3月31日　第1版第1刷発行

編著者　白井　　慎
　　　　西村　　誠
　　　　川口　幸宏

発行者　田中　千津子

発行所　株式会社　学文社

〒153-0064　東京都目黒区下目黒3-6-1
電　話　03（3715）1501（代）
FAX　03（3715）2012
http://www.gakubunsha.com

印刷　新製版

© M. Shirai/M. Nishimura/Y. Kawaguchi 2005
乱丁・落丁の場合は本社でお取り替えします
定価はカバー，売上カードに表示

ISBN 4-7620-1387-0

白井　愼・西村　誠・川口幸宏編著
新　生　活　指　導
A5判　224頁　定価 2310円

新しい教育環境に生活指導はどう応えていくのか。豊かな個々人が自治的に結ばれる「自主自立協同連帯」によって市民社会の人格主体を形成しよう。哲学的・歴史的・実践的観点から総合的にまとめた。
1227-0　C3037

白井愼監修／
小木美代子・姥貝荘一・立柳聡編著
子どもの豊かな育ちと地域支援
A5判　368頁　定価 2520円

子どもとおとなの"共育ち"実現を目指し、今日最も求められている地域ぐるみの教育実践の姿を提示する。教育学を超えた広範な諸領域理論を考察。21例の豊かな先駆的実践事例から様々な示唆を得る。
1160-6　C3037

山口　満編著
特別活動と人間形成〔新版〕
A5判　274頁　定価 2625円

特別活動をめぐる今日的で実践的な課題を基礎的で理論的な研究の成果と結びつけ、総合的に説述したもので、児童・生徒の諸活動をどのように組織し、指導するか、教育研究の成果を踏まえ考察する。
1042-1　C3037

林　義樹著
参画教育と参画理論
――人間らしい『まなび』と『くらし』の探究――
A5判　336頁　定価 4200円

参画活動の本質、参画技術の原理、参画社会の本質、参画化の課題等に対する疑問に原理的・理論的に答える。社会全般における参画活動の実践者、指導者、及び研究者のための理論的探究の書。
1147-9　C3037

喜多明人編著
現代学校改革と子どもの参加の権利
――子ども参加型学校共同体の確立をめざして――
A5判　196頁　定価 1890円

〔早稲田教育叢書〕現代日本の学校改革がいかに進み、「専門職学校自治」の枠組みを超え、子どもや保護者、住民などによる学校参加がどのようにして進展しているのか。多角的にその課題と展望を明かす。
1313-7　C3337

日本生活教育連盟編
日本の生活教育50年
――子どもたちと向き合いつづけて――
A5判　376頁　定価 3150円

「日生連」結成後50周年を迎えるに、辿ってきた運動の意義を明るみにおき、教育の歴史的課題を捉え直すため、この50年の歩みをまとめた。戦後の「生活教育」という、一つの教育運動の輪郭をかぎった。
0830-3　C3037

古藤泰弘著
情報社会を読み解く
A5判　256頁　定価 2625円

なぜ情報社会では「無知」が増えるのだろうか。情報社会や情報についての学習の関わりを明確にし、情報社会の本質を捉えるべく、さまざまな「情報社会」の謎・課題を解きほぐす情報教育論。
1299-8　C3030

古藤泰弘・清水康敬・中村一夫編集代表
［教育の情報化］用語辞典
四六判　256頁　定価 2625円

「教育の情報化」を正しく理解するために知っておきたい用語を網羅。ハードウェアやソフトウェアについての基本用語はもちろん、教育情報環境の整備等、授業改善に必要な用語を重点的に約1300語収録。
1137-1　C3055